新 潮 文 庫

大江戸〈奇人変人〉かわら版

中 江 克 己 著

はじめに

江戸はじつにおもしろい。わたしはそう思いながら近年、江戸に関する読物をたくさん書いてきた。おかげさまで共感する読者もいて、本もそこそこ売れている。ありがたいことである。すると、つい調子に乗って、また江戸の本を書く。

なにがおもしろいかといって、やっぱりそこに生きる人間である。江戸といったって、それほど大昔というわけではない。喜怒哀楽や息遣いは、いまの人間と同じだ。もっとも、いまは「世間並み」を気にする人ばかりだが、江戸には周囲の眼などを気にせず、世間並みでないことをする人間がいた。世間の人びとは、そうした生き様を理解することができないものだから、彼らを「奇人」扱いしたのである。

いまなら「風変りな個性派」といってよいのかもしれないが、目次を見ていただくとわかるように、本書にはさまざまな分野の人びとを登場させた。これほど変化に富んでいるというのは、江戸人の好奇心が多岐におよんでいるということにほかならない。

江戸の社会には、いまほどの多様性がないし、はるかに窮屈だったのではないか、とも思える。だが、江戸の人びとは意外に好奇心が旺盛《おうせい》だった。それに太平の世が長くつづいたせいか、じつに元気だし、パワフルな人が多く、おどろくばかりである。

江戸人が関心を寄せた奇人たち。どのような奇人ぶりを発揮したのか、興味深いエピソードを中心に、その素顔に迫ってみたのが本書だ。

なお、本書のタイトルを『大江戸〈奇人変人〉かわら版』としたのは、江戸の人びとに親しまれた「かわら版」（当時の人は読売《よみうり》と呼んだ）のように、気軽にページをめくっていただければ、と思ってのことである。「へえ」とおどろいたり、「なるほど」と合点したりしながら、彼らの人生を味わっていただければ、著者としてはいうことがない。

平成十六年十一月

中江克己

目次

心のままにぶらぶら歩く

星に魅せられた市井学者

遊興に生きた男たち

ものづくりに賭ける情熱家

異能ぞろいの大江戸芸能界

放浪暮らしをする奇才たち

奇行の多い剣士たち

ひと癖ある江戸の芸術家

数学に没頭の生涯

凝り性ばかりの江戸出版事情

本文挿絵・柴田ゆう

大江戸〈奇人変人〉かわら版

気ままに生きた異色大名

度外れた学問好き――前田綱紀《つなのり》

金沢の兼六園といえば、名園として知られ、訪れる観光客も多い。

これは加賀藩（石川県金沢市）の五代藩主前田綱紀が延宝四年（一六七六）、瓢池《ひさご》を掘ったり、曲水の流れを取り入れたほか、数寄屋《すきや》などを建て、回遊式庭園としてつくった。二年後、綱紀は重臣たちを招き、口切りの茶事を催している。

その後、庭園は拡張整備され、いまのような規模になった。兼六園の名は文政五年（一八二二）、松平定信《さだのぶ》が命名したが、兼六とは、広大、幽邃《ゆうすい》、人力、蒼古《そうこ》、水泉、眺望の六つを兼ねそなえている、という意味だ。

前田綱紀は好学の大名として知られるが、そのように風流も好んだ。綱紀は寛永二十年（一六四三）、四代藩主光高《みつたか》の嫡子《ちゃくし》として生まれた。三歳のとき、光高が死去し、五代藩主となったものの、まだ幼い。このため、祖父利常《としつね》がしばらく藩政をとりつづけた。

万治《まんじ》元年（一六五八）、綱紀は会津二十三万石保科正之《ほしなまさゆき》（三代将軍家光の異母弟）の娘摩須《ます》姫を妻に迎えた。綱紀が十六歳、摩須姫は十歳である。

綱紀が親政を宣言したのは寛文九年（一六六九）、二十七歳のときだった。それ以降、綱紀は職制や軍制を整備したほか、浮浪人のために小屋を建設し、約千八百人を収容して暮らしを助けた。儒学者の荻生徂徠《おぎゅうそらい》は「加賀国には浮浪人一人もなし」と、おどろいたほどだった。

新井白石も『藩翰譜《はんかんふ》』のなかで「綱紀は智《ち》仁勇《じんゆう》の三才をかねていた」と述べ、その治績に感嘆している。これだけなら、すぐれた藩政を行なった大名ということで終わるが、綱紀はそうではない。

金沢文化を育てることにも力を入れた異色の大名だった。とくにおどろくのは、十代のころからはじめた書物の収集である。綱紀はみずから藩政を行なうようになってからは、書物奉行、書物調奉行を新設し、書物収集のために各地へ赴かせた。あるときなど、長崎に到着した唐船に積み込まれていた書物を、すべて買い上げたこともあったというから、尋常ではない。これほど熱心に収集したのも、貴重な書物が散逸するのを恐れたからだった。

そのため、綱紀は古書を買い集めるだけでなく、諸家に所蔵されている書物や文書を借り出し、書写させたのである。もし、借りた書物が破損していたりすると、かならず修理して返した。これが評判となり、どこの家でも前田家には喜んで貸し出したという。

こうして、綱紀のコレクションは、ますます充実していった。綱紀の死後も書物収集がつづけられ、幕末には、所蔵数が数十万点におよんだ。これは、尊経閣《そんけいかく》文庫と称し、現存している（東京都目黒区駒場《こまば》）。

加賀の茜染《あかねぞめ》は、武士の普段用の長着や旗差物《はたさしもの》に染められ、その堅牢《けんろう》さが評判だった。これは延宝二年（一六七四）、綱紀が但馬国《たじま》（兵庫県北部）から茜屋理右衛門《りえもん》を招いてはじまったという。理右衛門は藩から扶持《ふち》をもらい、里見町の茜屋橋近くに居をかまえ、茜染御用をつとめた。

綱紀は、収集に熱心だっただけではない。みずからも学問に打ち込み、多くの学者たちと交流し、支援もしている。

たとえば、儒学者の木下順庵《じゅんあん》や室鳩巣《むろきゅうそう》らと親しくつきあった。ほかに幕府儒官の林鵞峰《がほう》（春斎）、新井白石、神道《しんとう》家の吉川惟足《きつかわこれたる》、日本に亡命し、帰化した中国の儒学者朱舜水《しゅしゅんすい》、やはり儒学者の雨森芳洲《あめのもりほうしゅう》、本草《ほんぞう》学者でもある貝原益軒、兵法者の山鹿素行《やまがそこう》、幕府碁所《ごどころ》四家の一つ安井算哲《やすいさんてつ》など、そうそうたる顔ぶれだった。

さらに、綱紀は家中に学問を奨励したし、学問好きの将軍綱吉《つなよし》とも気があい、いくどとなく綱吉へ進講している。享保《きょうほう》九年（一七二四）、八十二歳の長寿をまっとうしたが、金沢文化を育て、学問を好む異色の大名だった。

領地を返上、托鉢《たくはつ》して歩く――松平定政《さだまさ》

「旗本の困窮がひどいのに、幕府は上層部の権力強化にのみ力を入れており、旗本の救済には目もくれない。わたしは二万石の禄《ろく》をうけているが、この二万石を五千石ずつ分与すれば四人、五石ずつ分与すれば四千人が暮らしていける。しかし、わたしには四千人分の働きができないので、二万石は御公儀に返上したい」

三河国刈谷藩（愛知県刈谷市）主松平定政は、慶安四年（一六五一）七月十一日、そのようにしたためた書状を、老中井伊直孝《いいなおたか》に宛《あ》てて届けた。禄を返上するなど尋常ではないから、幕閣たちはおどろき、あきれかえった。

しかし、定政は本気だった。二人の幼子は兄の伊予《いよ》国松山藩（愛媛県松山市）主松平定行《さだゆき》に預け、養育してくれるよう頼み込み、妻は実家の永井尚政《なおまさ》の許《もと》へ帰した。こ

うして書状を送る前日、定政は長男の定知《さだとも》をともない、上野東叡山《とうえいざん》の最教院に入って剃髪《ていはつ》し、法名を不白《ふはく》と名乗ったのである。大名でありながら禄を返上して出家するなど、変わり者というしかない。

松平定政は慶長十五年（一六一〇）、徳川家康の異父弟松平定勝《さだかつ》の六男として、山城国伏見（京都市伏見区）で生まれた。母は奥平貞昌《おくだいらさだまさ》の次男貞友《さだとも》の娘である。つまり、定政は家康の甥《おい》ということになるが、そのために格別の厚遇をうけた。

寛永十年（一六三三）七月、二十四歳のとき、三代将軍家光の小姓となり、翌年には小姓組頭に昇進し、寛永十二年（一六三五）には伊勢《いせ》国長島藩（三重県桑名郡長島町）七千石の藩主となった。刈谷藩に移ったのは慶安二年（一六四九）で、このときに二万石に加増された。

ところが、慶安四年（一六五一）四月二十日、将軍家光は脳卒中が再発し、死去してしまった。まだ四十八歳である。寵遇《ちょうぐう》をうけた老中の堀田《ほった》正盛、阿部重次ら殉死者があいついだ。定政も殉死を望んだが、家光の法会《ほうえ》をつかさどる役目を命じられ、やむなく半月におよぶ法事の運営をつとめた。定政が老中に書状を届け、出家したのはそれから二か月ほどのちのことである。幕閣たちが前代未聞《みもん》の異変におどろいているうちに、定政はとんでもない行動を起こした。

定政は墨染衣を着て、その下に打刀《うちがたな》を差し、わが子定知と二人の従者をつれて、江戸市中を托鉢して歩いたのだ。家康の甥が僧形をし、鉦《かね》を叩《たた》きながら歩くというのは、どう見ても異様である。

江戸庶民は「どうして権現様《ごんげんさま》（家康）の甥御様ともあろう御方が乞食坊主《こじきぼうず》のような真似《まね》をするのかねぇ」などと噂《うわさ》しあったが、彼らには風狂としか見えなかった。

家康の甥が幕政へ痛烈な批判をしたことに、幕閣たちが、大きな衝撃をうけたのは当然だったろう。放置しておくこともできず、幕府は七月十八日、定政が乱心したとして、身柄を兄の定行に預け、領地と刈谷城を没収した。

たしかに当時、世の中は安定していたものの諸色《しょしき》（物価）が高騰《こうとう》し、昇給のない武士たちの暮らしは窮迫していた。それだけに定政の「返上する二万石の封禄で困窮した旗本を救済してほしい」という要求は、筋の通ったものだった。

ところが、幕閣にとっては「御政道批判であり、許しがたい」ということになる。

そこで、定政の批判は乱心の結果と断じ、処分したわけである。しかし、江戸庶民は「反骨大名の反乱」とみて喝采《かっさい》した。

それから五日後、定政の御政道批判の余震と思わせる事件が起こる。七月二十三日、幕府転覆の陰謀が発覚し、首謀者の一人、宝蔵院流槍術《そうじゅつ》師範丸橋忠弥《まるばしちゅうや》が捕縛され、二十六日には駿府《すんぷ》茶町（静岡市）の梅屋に投宿していた軍学者由比正雪《ゆいしょうせつ》が捕手にかこまれ、自刃《じじん》して果てた。この「由比正雪の乱」は、幕府に大きな衝撃をあたえた。

一方、伊予国松山に蟄居《ちっきょ》させられた松平定政は、静かな晩年を過ごしたという。寛文十二年（一六七二）十一月二十四日に死去したが、六十三歳だった。

遊女を身請けして隠居謹慎——榊原政岑《さかきばらまさみね》

大名のなかには遊び好き、好色といった変わり種もいる。姫路藩（兵庫県姫路市）十五万石の藩主榊原政岑もその一人だが、政岑は遊女を身請けするなど、あまりにも遊蕩《ゆうとう》ぶりが目立ったため、隠居謹慎を命じられた。遊びにふけり、十五万石を棒に振ったといってよい。

榊原政岑は正徳《しょうとく》三年（一七一三）、旗本榊原勝治《かつはる》の三男として生まれた。もともと政岑は、禄高千石の旗本にすぎなかったが、従兄《いとこ》で継嗣のなかった本家姫路藩の当主政祐《まさすけ》に、養子として迎えられた。まもなく政祐は病死し、政岑があとを継いで姫路藩主となる。十八歳のときのことだった。

しかし、政岑は生来、派手好きで、三味線や浄瑠璃《じょうるり》、小唄《こうた》などの遊芸にうつつを抜かしていたし、好色ぶりも相当なものだった。病でもないのに湯治と称して有馬温泉（神戸市北区）に出かけ、三人の湯女《ゆな》をつれて姫路に帰ってきたとか、人妻に手を出して夫から訴えられたなど、好色ぶりを伝える話も残っている。

衣服についても派手好みだった。江戸城に登城するさいでも、政岑は鮮やかな萌葱《もえぎ》色《いろ》の琥珀織《こはくおり》に、白糸で車輪紋を縫い取った裃《かみしも》を着込み、白柄《しろつか》の大小刀をたずさえ、目立つことおびただしい。伊達《だて》者だった、といってよい。

元文《げんぶん》年間（一七三六〜四〇）のことだが、政岑はある仲秋の名月の夜、江戸屋敷に親しい大名を招き、月見の宴を催したことがあった。その趣向がすごい。座敷に十六人持ちの大台を置き、大台には大きな山をつくり、薄《すすき》を植え、月を配するという凝りようだった。

招かれた大名たちは感嘆の声をあげたが、おどろいたのはそれだけではない。宴たけなわになったころ、政岑が不意にポンと手を打つ。その瞬間、大台のうえの山が真ん中から割れて十二人の美女が飛び出し、あられもない姿で踊りはじめたのである。大名たちがおどろいたのも当然だが、政岑はそのように遊びには熱心で、新しい趣向を考えるのも好きだった。

さらに寛保元年（一七四一）春、政岑は吉原《よしわら》三浦屋の遊女高尾《たかお》となじみ、身請けした。高尾は吉原でもっとも有名な遊女で、高尾の名は代々襲名され、政岑が身請けした高尾は六代目とも、十一代目ともいわれる。

身代金《みのしろきん》は破格の千八百両。一両十万円で単純換算すると、一億八千万円という巨額である。そのうえ、千二百両もの大金を使って廓《くるわ》の遊女を総揚げし、お披露目をした。その後、政岑は高尾を姫路へつれて帰り、城内の屋敷に住まわせたことから、彼女は「御部屋様」とよばれた。

政岑は高尾とともに、毎晩のように乱痴気さわぎをくりひろげたが、そうした行状が、将軍吉宗《よしむね》の耳に届かないはずがない。吉宗は倹約を説き、奢侈《しゃし》や遊蕩を戒め、享《きょう》保《ほう》二十年（一七三五）八月には、大名や旗本にたいして遊廓《ゆうかく》への出入りを禁じていた。それだけに、政岑の遊蕩ぶりを知って立腹したのである。寛保元年（一七四一）十月十三日、政岑を江戸城に呼び出し、隠居謹慎を命じた。

幕府の記録『徳川実紀』にも「十三日、榊原式部大輔《たいふ》政岑在封せしを召されて、御勘気蒙《こうむ》り、家に籠居《ろうきょ》すべしと命ぜられる。これ年頃身のふるまいよからぬ事ども多かりしによれり」と記されている。

政岑はたんなる好色、遊び好きだったにすぎず、政策などで将軍吉宗と対立したわけではない。しかし、禁じられていた遊廓に出入りしたうえに、遊女の身請けまでしたのだから、結果的に、将軍吉宗の施政に公然と反抗したことになったのである。

ただ幸いにも、姫路十五万石は嫡男《ちゃくなん》政永に相続が許されたが、処罰はそれで終わらない。政永は越後《えちご》国高田（新潟県上越市）へ国替を命じられたのだ。

翌寛保二年（一七四二）四月、蟄居中の政岑も、子の政永とともに越後へ下った。だが、政岑は駕籠《かご》に網をかぶせられ、罪人扱いだった。越後高田に移ってからは行状がまじめで、別人のようになったが、寛保三年（一七四三）、三十一歳の若さで死去してしまった。

利休秘伝の茶書を発掘――立花実山《たちばなじつざん》

江戸中期になると世の中が穏やかになり、武士たちのあいだに尚武の気風が薄れてくる。そうした一方、学問に打ち込む武士も出てきたが、福岡藩（福岡市）の立花実山もその一人だった。

実山は本名を重根《しげもと》といい、明暦《めいれき》元年（一六五五）十一月二十八日、福岡藩家老立花重種の次男として生まれている。八歳のとき、三代藩主黒田光之《みつゆき》の近習《きんじゅう》として仕えたが、光之に文才を認められ、順調に出世して二千五百石の側用人《そばようにん》になった。

しかし、実山にすぐれた政治力や行政力があったわけではない。幼いころから貝原益軒や木下順庵《じゅんあん》に儒学を学び、書や和歌の伝授も受け、文化的な素養を身につけて成長した。およそ政治の世界には不向きだったようだ。

とくに茶道に長じ、千利休秘伝の茶書『南坊録《なんぼうろく》』を発掘し、みずから編集のうえ、紹介している。この書は利休の高弟、南坊宗啓《そうけい》が利休から見聞し、習得した茶の湯の心得をまとめたものである。こうした業績をみると、実山がすぐれた文化人だったことがよくわかる。

ところが、宝永五年（一七〇八）、実山は筑前鯰田《ちくぜんなまずだ》（福岡県飯塚市）に幽閉され、十一月十日、撲殺されてしまった。五十四歳だったが、実山はなぜ、そうした悲運に見舞われたのだろうか。

じつをいうと、立花家は福岡藩主黒田家の譜代ではなく、戦国武将立花道雪《どうせつ》の一族で、もともと柳川城《やながわ》（福岡県柳川市）主立花宗茂《むねしげ》に仕えていた。関ヶ原合戦後、藩祖の黒田長政が福岡に入封してのち、福岡藩に仕え、父重種のころから重用されたのである。

延宝五年（一六七七）、唐突に藩主の継嗣が代わるという出来事が起こった。三代藩主黒田光之が嫡男綱之《つなゆき》を廃し、支藩の東蓮寺《とうれんじ》藩（福岡県直方《のおがた》市）主になっていた四男綱政《つなまさ》を継嗣にしてしまったのだ。その背景にあったのは、困窮する藩財政をどう再建するか、という問題である。

倹約令や借上げ（家臣の禄高を減らすこと）を実施したが、それだけでは追いつかない。そこで藩主光之は、支藩の東蓮寺五万石を本藩へ吸収することにした。この吸収案を進言したのが、実山の父重種や兄重敬《しげひろ》だった。ところが、立花一族に反感を抱く譜代衆は、強硬に反対し、「東蓮寺藩主の綱政を次期藩主にするなら」という条件をつけてきた。

藩主光之はそれを受け入れ、やむなく継嗣を綱之から綱政に替えたのである。綱之はまだ二十四歳だったが、廃嫡され、城下の屋形原《やかたばる》（福岡市南区）に幽閉された。

実山の父や兄が藩財政再建のために、よかれと思って進言した支藩の吸収策が、藩内の派閥抗争に利用され、綱之の廃嫡という意外な結果を生んだわけである。実山はおどろき、心を痛めた。

幕府へは「綱之が乱心した」と届け出ていたが、綱之は聡明《そうめい》で、文武両道に長じ、次期藩主にふさわしい人物だった。実山の父と兄は、新しく継嗣となった綱政に取り入って、譜代衆に対抗しようとしていたが、実山は綱之をあわれみ、いくどとなく屋形原へ綱之を訪ね、なぐさめようとした。

実山が『南坊録』を書写し、編集したのはこのころのことである。

千利休は侘茶《わびちゃ》の完成者として知られるが、彼は現世の栄達など欲望を否定し、和敬清寂の境地をめざすことを説いた。

だから実山は、この書が綱之のすさんだ心をやわらげることができればと思い、書写したと考えられている。実山は綱之に面会するたびに、利休の侘茶の精神を語ったにちがいない。

当初、実山を敵視していた綱之も、しだいに心を開き、親しみを見せるようになった。

やがて元禄元年（一六八八）、光之が隠居し、綱政が四代藩主につく。ところが、綱政は光之の期待を裏切り、光之の側近を一掃する一方、東蓮寺時代の男色相手を厚遇するなど、気ままな藩政を行ないはじめたのである。

光之は宝永四年（一七〇七）に死没したが、実山はそれを機に剃髪《ていはつ》し、出家した。翌年、幽閉中の綱之が死去すると、実山は「前藩主光之の毒殺を企てた」との濡《ぬ》れ衣《ぎぬ》を着せられ、鯰田に監禁されたのである。こうして実山は無残にも撲殺された。

実山は藩政への野心などまったくない。しかし、綱政とその一派にとっては危険な存在と映っていたのだろう。残酷な方法で抹殺したのである。

町人のように生きた大名の弟――酒井抱一《ほういつ》

画家として大成した酒井抱一は、姫路藩（兵庫県姫路市）主酒井忠以《ただざね》の弟である。祖父の酒井忠恭《ただずみ》は老中をつとめた。酒井家はそうした名門だったから、数多くの大名家から抱一のもとへ、養子口が舞い込んだ。ところが、抱一はすべてを断った。

「藩の治政だとか、参勤交代だとか、行動を縛られるのはやりきれない。好きなことをして、気ままに暮らしたい」

これが抱一の本音である。藩主の弟であれば、どこかの大名家の養子となり、そのあとを継ぐ、というのは理想だった。それにもかかわらず、すべての養子口を断ったのだから、抱一は相当な変わり者だった。

抱一は宝暦十一年（一七六一）、江戸小川町《おがわまち》（東京都千代田区神田小川町）の別邸で生まれ、名を忠因《ただなお》と称した。早くから文武両道の教育を受けたが、なかでも俳諧《はいかい》、狂歌、茶道、能楽、書など、風雅の道に親しんだ。

とくに力を入れたのは絵画で、狩野高信《かのうたかのぶ》や円山応瑞《まるやまおうずい》に学んだほか、歌川豊春《うたがわとよはる》に浮世絵を習っている。さらに俵屋宗達《たわらやそうたつ》、尾形光琳《おがたこうりん》らの繊細華麗で品位のある作風を取り入れて、詩情豊かな装飾的画風を確立し、当時の一流画家谷文晁《たにぶんちょう》と並び称された。

そうした一方、抱一は文晁とつれだって、よく吉原へ遊びにいった。文晁は適当に遊び、女に溺《おぼ》れることはなかったが、抱一は一途《いちず》になりやすく、流連《いつづけ》することもしばしばだった。

抱一は兄忠以から経済的な援助を受けていたが、忠以は寛政二年（一七九〇）七月、三十六歳で死去し、嫡子忠道《ただひろ》が藩主となった。抱一は三十歳である。それを機に本所《ほんじょ》へ転居したが、それとともに月々の手当を減らされ、遊興費に困るようになった。

その後、寛政九年（一七九七）十月、三十七歳のとき、抱一は士分を捨てて剃髪、出家した。酒井家からは千石五十人扶持《ぶち》を与えられたから、下谷《したや》に移り住み、心おきなく俳句や絵画に没頭しはじめた。しかし、一か所に落ち着くことができず、抱一は転居を繰り返したのである。

いくら出家をしたとはいえ、酒井家では、そうした抱一に我慢がならなかったのだろう。扶持の給与を打ち切ってしまった。そうなると、抱一も自活せざるをえない。絵を売ったり、絵を教えたりして稼ぐことを考えるようになった。だが、吉原通いはあい変らずで、文人墨客たちと遊ぶ一方、遊女たちにも絵を教えたりしていた。

大文字屋に「誰袖《たがそで》」といいう絵のうまい遊女がいた。彼女は抱一から熱心に絵を習ったが、抱一はやがて「誰袖」に惚《ほ》れ、身請けし、女房にした。それを機に彼女は名を春條《はるえ》と改めた。

文化六年（一八〇九）、抱一は根岸（台東区根岸）の農家を買い取り、手を加えて「雨華庵《うかあん》」と称し、移り住むと、多くの門弟をとり、絵を教えた。二人は仲睦《むつ》まじかったが、抱一は夜になると吉原へ出かけていく。それほど吉原が好きだったようだ。

抱一が描く絵もしだいに人気が出て、買い求める人が多くなった。豪商鴻池《こうのいけ》善右衛門もその一人で、抱一に揮毫《きごう》を頼み、謝礼として反物と鶏卵を置いていく。だが、暮らしのためにはお金のほうがありがたい。そのことをいうと画料を払うようになった。彼は光琳うつしの杜若《かきつばた》に八ツ橋を描いた屏風《びょうぶ》一双に、二十五両を支払ったが、一両十万円で単純換算すると、二百五十万円である。

抱一はこのように気ままに暮らしながら、文政十一年（一八二八）、六十八歳で没した。大名の弟でありながら、出家して吉原通いをするなど、町人のように生きた自由人だった。

「茶の湯大名」の好奇心――松平不昧《ふまい》

大名のなかには趣味人、風流人が多いが、松江藩（島根県松江市）主松平不昧も人後に落ちない。とくに後半生は茶道に明け暮れ、「茶の湯大名」と称されたほどだ。

不昧は宝暦元年（一七五一）、松江藩主松平宗衍《むねのぶ》の次男として、江戸の藩邸で生まれた。本名を治郷《はるさと》といい、幼名を鶴太郎《つるたろう》と称した。不昧というのは雅号である。

少年のころから学問に興味を抱き、七歳から書を学びはじめ、ついで儒学を学んだ。聡明《そうめい》だが、驕慢《きょうまん》なところもある。しかし、茶道を学ぶようになると、驕慢さが姿を消し、もの静かで思索的な人柄に変わっていった。

やがて明和四年（一七六七）、不昧は十七歳で藩主を継ぐ。だが、藩財政は父宗衍が尽力してきたにもかかわらず、天災がつづいたこともあって疲弊しきっていた。

そこで、家老の朝日丹波《あさひたんば》が若年藩主不昧の後見となり、財政改革を進めることになった。人員整理や役所の統合、倹約、年貢の増徴など緊縮政策だったが、これが効果をあげた。こうして三十六年後の享和《きようわ》三年（一八〇三）には、なんと十万両近い余剰金が生じていた。一両十万円で換算すれば、百億円である。財政改革は成功だった。

早くから茶道をはじめていた不昧は、やがて片桐石州《かたぎりせきしゆう》が創始した石州流の茶道に傾倒していく。好奇心が旺盛だし、好みにも合っていたのだろう。たちまち上達し、明和七年（一七七〇）、二十歳で茶道書『贅言《むだごと》』を書いたほどだ。

そのなかで不昧は、道具にこだわる茶道を嫌って批判し、「茶道とは知足《ちそく》の道である」と主張した。虚栄心や形にとらわれることを排し、茶道によって「分に安んじて貪《むさぼ》らない」境地に立つことをめざしたのである。

しかし、不昧の好奇心は茶道だけにとどまらない。江戸の藩邸で、美女の白い肌に多彩な花柄の刺青《いれずみ》を入れさせて興じたかと思うと、天井から襖《ふすま》にいたるまで、妖怪《ようかい》変化や化物、幽霊などの絵を一面に描かせた。

不昧の好奇心は、相撲にも向いていた。天明八年（一七八八）には、力士の雷電為《らいでんため》右衛門《えもん》を召し抱えている。

雷電は明和四年（一七六七）、信濃《しなの》国小県《ちいさがた》郡大石村（長野県東部町）の農家に生まれたが、少年のころから怪力ぶりを発揮し、馬をかつぐほどだった。天明三年、地方巡業をしていた江戸大相撲の年寄に勧められ、翌年、十八歳で江戸に出て力士となった。不昧に抱えられたのはその四年後、まだ無名のときである。

雷電が江戸大相撲に登場したのは寛政二年（一七九〇）のことだが、しかもいきなり西の関脇《せきわけ》で、さまざまな技をくり出して連勝した。寛政七年（一七九五）には最高位の西の大関となり、文化八年（一八一一）に引退するまで、東の大関に負けることがなかった。二十一年にわたって土俵をつとめたが、成績は二百八十五戦二百五十四勝のほか、負け十、引分け二、預かり十四、無勝負五で、勝率はなんと九割六分二厘《りん》というおどろくべき数字を残した。このような無敵の大力士を召し抱えることができたのは、好奇心もさることながら、不昧に才能を見抜く目があったからにほかならない。

そうした一方、不昧は老成するにしたがい、茶道具への好奇心をあらわにし、道具集めをはじめた。小堀遠州《こぼりえんしゅう》は大名茶の創始者とされるが、彼の美意識によって選定された名品の茶器を中興名物という。不味はそれをはじめて分類し、天明七年（一七八七）に『古今名物類聚《ここんめいぶつるいじゅう》』を著した。

茶道具へのめり込んでいったのも、物を見る目をもつ不味は、みずからの好奇心を抑えることができなかったからだろう。かつて「茶道とは知足の道」と主張していたのと矛盾するようだが、むかしとちがって藩財政は豊かになっている。それが不味の好奇心をあおり立てたのかもしれない。

たとえば、不味は「油屋肩衝《あぶらやかたつき》」を手に入れたが、これに千五百両を投じた。一両十万円として、一億五千万円である。「肩衝」というのは、肩のやや角張った茶入だが、「油屋肩衝」は中国渡来のもっとも古い茶入で、堺《さかい》の商人油屋浄祐《じょうゆう》から豊臣秀吉に渡った。その後、福島正則、徳川将軍家などを転々とし、不味の手に入ったのだ。

不味は茶入のほか、茶碗《ちゃわん》や茶杓《ちゃしゃく》、茶釜《ちゃがま》、茶壺《ちゃつぼ》、水指、花入、香炉、掛軸など、五百八十点ほどの名品を集めた。さらに文化三年（一八〇六）には、江戸品川の二万坪（約六万六千平方メートル）の土地に「大崎名園」を造営している。ここには十一の茶室を建て、清流をつくった。まさに「茶の湯大名」にふさわしい庭園だった。

不味はさらに、工芸にたいしても鋭い美意識を発揮した。長岡住右衛門《すみえもん》、永原与蔵、土屋善四郎らの陶工、指物や彫刻の小林如泥《じょでい》、蒔絵《まきえ》の小島清兵衛らは、不味の指導によって大成したといわれる。

晩年を趣味と風流に生き、茶道では、石州不昧流を大成させた松平不昧だが、後半生には藩政にも尽力した。文政元年（一八一八）、不昧は「大崎名園」で六十八歳の生涯を終えた。好奇心のおもむくまま、趣味人として生きたといってよい。

二足わらじの江戸文人

黄表紙を創始した武士作家――恋川春町《こいかわはるまち》

黄表紙（絵入り小説）の創始者として知られる恋川春町は、駿河小島藩《するがおじま》（静岡県静岡市）の藩士だった。延享《えんきょう》元年（一七四四）生まれで、本名を倉橋格《いたる》という。江戸小石川春日町《かすがちょう》（文京区春日）に住んでいたことから、地名をもじって恋川春町と称した。

春町は武士でありながら、文章を書いたり、絵を描くのが好きで、藩での公務のかたわら、戯作《げさく》や浮世絵、狂歌に腕をふるった。安永二年（一七七三）七月、三十歳のとき、みずから絵を描いた洒落本《しゃれぼん》『当世風俗通』が刊行された。

この本は遊里に通う若者の風俗を描いたもので、さまざまな人物像を設定したうえで、裃《かみしも》や羽織、小袖《こそで》、襦袢《じゅばん》、頭巾《ずきん》、草履、傘など、どのようなものを身につければ似合うか、具体的に絵で示し、解説した本だ。一種のスタイルブック的なところもあったが、若者風俗への風刺も利《き》いていた。

このように春町の絵の才能も冴《さ》えていた。その二年後、春町はみずから絵と文章を手がけ、黄表紙『金々先生栄花夢《きんきんせんせいえいがのゆめ》』を出版し、評判になった。

内容は金村屋金兵衛《きんぴょうえ》が立身出世を望み、江戸へ出てきたところ、思いがけずに金持ちの和泉屋《いずみや》の養子となる。金兵衛は浮かれて、遊里で豪遊を尽くし、金を使いすぎてしまった。このため、放逐されてしまう。途方に暮れているところで、金兵衛が目を醒《さ》ます。

じつをいうとこれは目黒の茶屋でひと休みし、名物の粟餅《あわもち》ができるのを待つあいだに見た夢だった、という話である。夢から醒めたとき、やっと粟餅ができた。金村屋金兵衛、すなわち金々先生は栄華のはかなさを悟り、田舎へ帰っていく。

なお、「金金」というのは当時の流行語で、身なりを立派にして得意になることを意味した。題名の「金々先生」は、それにもかけたのだろう。構想は「邯鄲《かんたん》の枕《まくら》」という説話によりかかったものといってよい。

草双紙は子ども向き絵本の「赤本」からはじまったが、その後、「青本」「黒本」が登場する。この赤、青、黒というのはいずれも表紙の色から出た名称で、恋川春町の『金々先生栄花夢』は、それまでの草双紙の枠を破り、大人向けとして評判になった。この種の草双紙は黄色表紙を用い、「黄表紙」と称されるようになるが、春町の本がよく売れたため、刺激をうけて黄表紙を書く作者が増えた。

しかし、春町はやがて小島藩の留守居役、側用人《そばようにん》と、地位が上がっていく。当然ながら公務も多忙をきわめたことから、文筆活動がにぶり、作品も精彩を欠くようになった。その結果、読者が離れていった。

当時、春町のライバルに朋誠堂喜三二《ほうせいどうきさんじ》という作家がいた。彼は秋田藩（秋田市）士だが、天明八年（一七八八）には、黄表紙『文武《ぶんぶ》二《に》道万石通《どうまんごくどおし》』を刊行した。これは前年からはじまった寛政の改革の文武奨励策を巧みに風刺した作品で、評判がよかった。

春町にも意地があったのだろう。寛政元年（一七八九）春、喜三二に対抗して『鸚鵡返文武二道《おうむがえしぶんぶのふたみち》』を刊行する。これは老中松平定信を菅原道真《すがわらみちざね》に見たて、寛政の改革を諷刺《ふうし》した作品だが、武士階級を揶揄《やゆ》したところが庶民にうけ、空前のヒットとなったのである。

ところが、それが幕府の忌諱《きい》にふれ、定信から出頭を命じられたものの、春町は病を理由に出頭を断り、四月には藩の職も辞してしまった。それから三か月ほどのちの七月七日、恋川春町は死去した。まだ四十六歳だし、死因はわからない。老中から出頭命令をうけていたこともあり、面目を失ったことを苦に自殺したのではないか、ともいわれている。

江戸留守居役の文筆暮らし——朋誠堂喜三二《ほうせいどうきさんじ》

武士でありながら黄表紙、洒落本、滑稽本《こっけいぼん》、噺本《はなしぼん》など、多くの作品を残した朋誠堂喜三二は、江戸後期を代表する戯作者《げさくしゃ》の一人である。享保二十年（一七三五）に生まれ、本名を平沢常富《つねまさ》と称した。通称を平沢平格といい、手柄岡持《てがらのおかもち》の別号もある。

喜三二は武士としても有能で、秋田藩（秋田市）の江戸留守居役までつとめた。むろん、公務としてやるべきことは多い。喜三二は公務をこなし、そのかたわら筆をとりつづけ、たとえば、安永六年（一七七七）に『親敵討腹鼓《おやのかたきうてやはらつづみ》』、天明元年（一七八一）に『見徳一炊夢《みるがとくいっすいのゆめ》』、天明三年（一七八三）に『長生見度記《ながいきみたいき》』を出版した。

当時の作家はいくら書き、出版しても、原稿料で生活できるという状況ではなかった。曲亭馬琴は『近世物之本《の》江戸作者部類』のなかで、その実態をつぎのように記している。ついでながら「物之本」は書物のことで、いまも使われている「本」という呼称は、この「物之本」に由来する。

「むかしは、草双紙の作者に潤筆料（原稿料）を出すことはなかった。喜三二、春町などには毎年、板元から新板の絵草紙、錦絵《にしきえ》を多く贈って、新年の祝事とした。また、前年の冬に出版した草双紙に当り作があれば、二月か三月ごろ、その作者を遊里へ連れてゆき、一夕、饗応《きょうおう》するくらいである」

「しかし、寛政年間（一七八九～一八〇〇）ごろ、ことに京伝、馬琴だけには、毎年饗応が行なわれた。さらに、部数一万余を売るようになると、板元の蔦屋重三郎《つたやじゅうざぶろう》、鶴屋《つるや》喜《き》右衛《え》門《もん》が相談し、はじめて草双紙の作品に潤筆料を支払うようになった」

つまり、喜三二をはじめ、ほとんどの作家は原稿料をもらうことなく、作品を書きつづけたのである。書くことが好きで、しかもそれを発表したい、という欲求に突き動かされて、執筆をつづけていたようだ。

とくに武士作家に、その傾向が強い。まして喜三二は留守居役という重職にあり、高禄《こうろく》をもらっていた。だから交際費に不自由することもないし、潤筆料など眼中になかった。それに時間的な余裕もある。

喜三二に才能があったのもさることながら、そうした環境も見逃せない。喜三二は環境に恵まれていたため、楽しみとして作品を書きつづけることができたのだ。しかし、武士のあいだでは、相当な変わり者とみられていた。

天明八年（一七八八）一月には、代表作の一つとされる『文武《ぶんぶ》二《に》道万石通《どうまんごくどおし》』を出版した。これは鎌倉時代を舞台に、源頼朝の家臣畠山《はたけやま》重忠が文武二道を奨励するという物語だ。

重忠は、武士を文武二道のいずれを好むかによって分類し、どちらにも入らない「ぬらくら武士」は大磯で遊ばせ、財産を使い尽くさせて矯正していく。頼朝は彼らを集め、「いまよりのちは、文武の道を学ぶべし」と、訓戒する。

しかし、頼朝は十一代将軍家斉《いえなり》、重忠は老中松平定信を指していることは、よく読めば察しがつく。この作品が、寛政の改革をからかっているのは明らかだった。

そのため、この作品は飛ぶように売れた。だが、喜三二が秋田藩の重臣だけに、藩のなかから作者の身を危ぶむ声が起こった。すぐあとに出た再版本では改変し、モデルを特定できないようにしたのである。

翌寛政元年、ライバルの恋川春町が幕府から出頭命令をうけたのちに急死すると、喜三二も戯作界から退いた。それだけ政治問題を扱うのがむずかしい時代だった。文化十年（一八一三）、七十九歳で没した。

自分の死までも演出——十返舎一九《じっぺんしゃいっく》

滑稽本『東海道中膝栗毛《ひざくりげ》』のヒットで、流行作家となった十返舎一九は、明和二年

（一七六五）、駿府《すんぷ》（静岡市）で生まれた。本名は重田《しげた》貞一《さだかず》といい、父の与八郎は駿府の町同心だった。一九は武士の子だったわけである。

若いころ、江戸に出て小田切土佐守《とさのかみ》に仕えたが、土佐守が大坂町奉行になると、彼にしたがって大坂へ赴いた。しかし、一九は武士に向いていなかったらしく、まもなく職を辞し、大坂の材木屋に婿《むこ》入りした。

ところが、一九は並みはずれた大酒飲みのうえ、諸芸能に打ち込んで商売をおろそかにするものだから、まもなく離縁されてしまった。それでも大坂にとどまり、近松余七の名で浄瑠璃《じょうるり》の台本を書いたりしたのである。一九は若いころから、好奇心が旺《おう》盛《せい》で、多才だった。

寛政六年（一七九四）、三十歳のとき、ふたたび江戸へ出て、通油町《とおりあぶらちょう》（東京都中央区日本橋大伝馬町《おおでんまちょう》三丁目）の地本問屋《じほんどいや》（出版社）、蔦屋重三郎方へ転がり込む。はじめのうちは下働きをしたが、一九には文才も絵心もある。

それが認められて翌年、黄表紙『心学時計草《とけいぐさ》』を書き、みずから挿絵をつけて蔦屋から出す。一九の処女作だが、好評だったことから、つぎつぎに作品を書くようになった。

一九が人気作家となったのは享和二年（一八〇二）、三十八歳のとき、『東海道中膝栗毛』を出版してからである。これは、江戸に住む弥次郎兵衛《やじろべえ》と喜多八の二人が、東海道をおもしろおかしく旅する物語で、当時の庶民たちの旅への憧《あこが》れを刺激してよく読まれた。

七年後に八編十七冊まで刊行し、完結したものの、人気が高く、人びとは続編を期待する。そこで文化七年（一八一〇）には『続膝栗毛』を出し、文政五年（一八二二）まで書きつづけた。

おそらく一九は、根がまじめ人間だったのだろう。しかし、自由奔放に生きたい、

という思いも強かった。だから武士をやめ、町人たちのあいだで暮らしながら、金が入ると気前よく仲間におごったり、吉原《よしわら》へくり出して派手に遊んだ。

その一方、作品を書くときはまじめそのもので、机に向かうと、家人を寄せつけずに執筆に没頭したのである。こうして軽妙で明るい滑稽譚《たん》を書きつづけたが、要するに一九は人を楽しませるのが好きで、それをまじめにやってのけた、といってよい。

一九はまた、伊勢《いせ》や播州《ばんしゅう》、信州松本、上州草津、越後《えちご》などへ取材旅行に出かけ、熱心にメモをとった。それが作品に活《い》かされたわけである。健脚を誇り、諸国を取材して歩いた一九だが、五十代に入ると、しきりに体の不調を訴えはじめる。六十歳のころには、さすがの一九も中風を患《わずら》い、手足の不自由に悩んだ。

天保二年（一八三一）のある日、余命いくばくもないと悟った一九は、弟子たちを枕元《まくらもと》に集めてこういった。

「おれはまもなく死ぬが、湯灌《ゆかん》はいらないし、着せ替えてくれなくていい。ただし、この箱を棺《ひつぎ》に入れ、すぐ火葬にしてくれ。よいな」

やがて八月七日、一九は弟子たちに看取《みと》られながら死んだ。六十七歳である。弟子たちは、いわれたようにして棺に火をつけたところ、突如として爆発音がひびき、棺から激しい火柱が吹きあがった。

参列した人びとは、あまりのことに仰天した。じつをいうと、棺に入れた箱の中身は花火だったのである。一説によれば、一九は自分の体に花火を巻きつけておいたともいうが、いずれにせよ、人を楽しませる戯作者らしく、その死にも滑稽な演出をした。

二百石取りの流行作家――柳亭種彦《りゅうていたねひこ》

二百石取りの旗本ながら『偐紫田舎源氏《にせむらさきいなかげんじ》』などを書き、戯作者として成功した柳亭種彦も、奇人の一人である。天明三年（一七八三）に江戸で生まれた。幼いころから勉強好きで、長じて古典文学、絵画、狂歌、俳諧《はいかい》、芝居など、通人としての素養を身につけた。種彦も書くのが好きだったらしく、当初は読本《よみほん》（伝奇小説）を試みたが、のちに草双紙に力をそそいで人気戯作者となった。

そのきっかけとなったのは、文化十二年（一八一五）に出版された『正本製《しょうほんじたて》』である。これは歌舞伎《かぶき》の舞台を紙上で見られるように工夫した作品で、上演された情話を再脚色し、舞台を描いた挿絵を入れた。しかも、登場人物は人気役者の似顔絵だったから、広く読まれた。

これは「合巻《ごうかん》」と呼ばれるが、それまでの黄表紙が五丁を一巻としていたのを、数巻合わせて一冊とし、合巻と称したのである。それだけ内容が長編化してきたわけで『正本製』も続編が出版され、天保二年（一八三一）の十二編までつづいた。

代表作の『偐紫田舎源氏』は文政十二年（一八二九）、種彦四十七歳のとき、初編が出た。これは『源氏物語』の世界を室町時代に移し、歌舞伎的な趣向をこらした作品である。浮世絵師歌川国貞の挿絵がじつに艶麗《えんれい》で、この作品が人気を得たのも挿絵に負うところが大きい。

初編がヒットしたことから種彦は毎年、続編を書きつづけ、天保十三年（一八四二）まで三十八編、百七十二冊を出した。江戸時代最大のベストセラーといわれ、多くの類似作品が登場した。

主人公は足利《あしかが》義正と側室花桐《はなぎり》の子光氏《みつうじ》だが、この足利光氏が光源氏にあたる。光氏が奪われた重宝を探しながら、山名宗全の謀叛《むほん》を挫《くじ》く、という物語だが、推理小説的な要素も加えて読者をひきつけた。

むろん、そのなかで光氏の恋愛生活が華麗に描かれる。当時の将軍は十一代家斉《いえなり》だが、彼は一妻二十一妾《しょう》をもち、男女五十五人の子をなし、好色将軍といわれた。光氏はその家斉をモデルにしたのではないか、との風説が流れたほどだった。

この作品は続編が刊行されるなか、天保九年（一八三八）三月、歌舞伎化されている。それまでは人気歌舞伎の脚本を翻案し、合巻とされていたのだが、『修紫田舎源氏』はその位置を逆転させてしまった。それほど人気が高かったわけである。

しかし、天保十二年（一八四一）夏、種彦は病に倒れてしまった。このとき、江戸城大奥のある女中は、みずからを作中人物になぞらえ、妙法寺（杉並区堀ノ内）に代参を立てて、種彦の病気平癒《へいゆ》を祈願したほどだった。

ところが、天保十三年六月、天保の改革による風俗矯正の一環として、取締まりの対象となり、種彦は幕府に召喚され、『修紫田舎源氏』は絶版処分となった。将軍家斉の大奥生活を諷刺《ふうし》しているとの評判が高まり、弾圧されたのである。

その一か月後、種彦は六十歳で病死したが、「自殺したのではないか」との噂《うわさ》が流れた。

機知と諷刺の狂歌師――朱楽菅江《あけらかんこう》

四方赤良《よものあから》（大田南畝《おおたなんぽ》）、唐衣橘洲《からごろもきつしゅう》と並んで、「狂歌の三大家」と呼ばれた朱楽菅江も武士である。元文三年（一七三八）に江戸で生まれ、本名を山崎景貫と称した。

菅江は先手組《さきてぐみ》与力をつとめる幕臣で、牛込二十騎町（新宿区）に住んでいた。近くで内山賀邸《うちやまがてい》が学塾を開き、武家の子弟に国学や和歌を教えていたので、菅江は賀邸に師事して和歌を学ぶ一方、雑俳にも親しんだ。

内山賀邸は歌人として江戸七歌仙の一人といわれ、国学者としても知られていた。菅江が二十六歳のとき、十一歳年下の南畝が賀邸の塾に入門し、二人の交際がはじまる。

狂歌は室町時代にはじまり、江戸初期には上方で盛んになったが、江戸で隆盛したのは天明年間（一七八一〜八八）のことである。それというのも内山賀邸がみずから狂歌をつくり、門弟にすすめたからだった。最初に御三卿《きょう》の一つ、田安家の家臣唐衣橘洲が狂歌をはじめ、ついで四方赤良、そして朱楽菅江も手を染めた。菅江が三十歳ごろのことである。

当時は、老中田沼意次《おきつぐ》が幕府の実権を握り、経済の活性化を図ったが、その一方で賄賂《わいろ》が横行し、政治が腐敗した。若い下級武士のなかには、そうした政治状況に不満を抱き、もてる才能を発揮できないことにいらだつ者が少なくなかった。

そうした連中が戯作《げさく》を書き、狂歌を詠《よ》んで政治の堕落を嘲笑《ちょうしょう》し、憂《う》さを晴らした。朱楽菅江もその一人だった。菅江は幕臣でありながら、反体制的な狂歌を詠んだのである。むろん、身近なことも取り上げたが、鋭い機知と気魄《きはく》を重んじた。

「いつ見てもさてお若いと口々に　ほめそやさるる年ぞくやしき」

人からはお若いといわれるのだが、実際にはそれほど若い年でもない。菅江が詠んだことは、年を取れば思い当たる人も多く、つい共感してしまう。「くやしき」といっても別に深刻なものではなく、むしろ滑稽《こっけい》さがただよう軽いものだ。菅江の作品が江戸庶民にうけたのは、滑稽さ、哀感、諷刺に満ちていたからである。

菅江の妻も、節松嫁々《ふしまつのかか》という狂名をもつ狂歌師だった。菅江は遊蕩《ゆうとう》武士だから、二日も三日も家をあけて帰らない、ということもある。妻はそれをとがめだてもせず、その心境を狂歌に詠み、平然としていたという。おたがいに理解しあう仲のよい夫婦だったようだ。

狂歌は武士や町人ばかりか、歌舞伎役者、絵師、遊女など幅広い人びとに好まれ、各地に「連」と呼ばれるグループが誕生した。しかし、その後、田沼意次が失脚し、松平定信が登場して寛政の改革が行なわれると、狂歌界も大きな打撃をうけた。

綱紀粛正が打ち出され、奔放な狂歌を詠むことができなくなったのである。朱楽菅江も四方赤良と前後して、狂歌から隠退してしまった。その後、著作に励んだが、寛政十年（一七九八）、六十一歳の生涯を閉じた。

天才狂歌師は試験もトップ——大田南畝《おおたなんぽ》

天才的な狂歌師、戯作者として知られる大田南畝は、水泳の達人でもあった。

安永二年（一七七三）八月二日というから、南畝が二十五歳のときのことである。隅田川の御船蔵前《おふなぐらまえ》で、十代将軍家治《いえはる》上覧の水泳大会が催された。出場者は七十五人だが、南畝もその一人に選ばれて、見事な泳ぎをみせた。順位はわからないが、将軍から褒美《ほうび》の衣服を賜わったので、上位の成績だったにちがいない。

南畝は幕臣だが、有名な狂歌師だし、水泳とは意外に思える。しかし、南畝は幕府の御徒《おかち》をつとめていた。御徒は将軍の警固、江戸城の警備が任務だから、つね日ごろ、武芸の鍛錬に励んでいたのである。それに祖父源八、父吉左衛門正智も水泳が達者で、いずれも将軍上覧水泳大会の出場経験者だった。

南畝は寛延二年（一七四九）、江戸牛込仲御徒町（新宿区中町）で生まれ、名を直次郎と称した。父の吉左衛門も御徒だったが、幕臣といっても身分は低く、俸禄《ほうろく》はわずか七十俵五人扶持《ぶち》だから暮らしは楽ではない。

しかし、南畝は幼いころから学ぶことが好きで、十五歳のとき、和歌や国学を教えていた内山賀邸に師事し、急速に頭角を現していった。

南畝が御徒として出仕したのは明和二年（一七六五）、十七歳のときだが、栄達には興味がなく、十九歳のときは平賀源内にすすめられて、『寝惚《ねぼけ》先生文集』を出版し、たいそう話題になった。

「先生、寝惚けてどこへいこうとするのだろうか。裃《かみしも》はぼろぼろになり、大小は汚い。思い出すと、昨夜の算用（銭勘定）が悲しい。その算用は役には立たないけれども、武士は食わねど高楊子《たかようじ》」

南畝は、そのように武士の貧しさを嘲《あざけ》ったが、当時の武士は権威も薄れ、商人たちの金の力には手も足も出ない、という状況になっていた。そのため、南畝の軽妙な笑いと風刺に共感する武士は少なくなかった。

この成功を機に、南畝は洒落本《しゃれぼん》や黄表紙など戯作《げさく》を書き、多彩な才能を発揮していく。そうした一方、二十一歳のとき、内山賀邸の同門、唐衣橘洲《からごろもきつしゅう》に誘われて狂歌をはじめ、天明三年（一七八三）には、四方赤良《よものあから》の狂名で『万載狂歌集』を出すなど、狂歌ブームの中心として活躍した。

ところが、世の中は変わっていく。老中松平定信が寛政の改革を進めるなかで、文武が奨励されると、それをからかった落首が現れる。

「世の中に蚊ほどうるさきものはなし　ぶんぶといふて夜も寝られず」

これが南畝の作と疑われ、取り調べをうけたが、南畝にはもとより身に覚えのないことである。処罰されたわけではないが、それを機に、南畝は文筆活動をやめてしまった。

その後、勤務に励み、寛政六年（一七九四）、四十六歳のとき、幕府の人材登用試験をうけ、首席となった。幕吏としてもすぐれた才能を発揮したが、文人との交流をつづけ、随筆を書いては評判をえていた。南畝は長年、風流に身をゆだね、大酒を飲みつづけてきたせいか、晩年には出勤途中で転倒したり、吐血したこともある。文政六年（一八二三）四月六日、脳溢血《のういっけつ》がもとで七十五歳の生涯を終えた。

科学の先端を目指した名医

すね者の蘭学者《らんがくしや》——前野良沢《まえのりようたく》

江戸中期、前野良沢という蘭医がいた。すね者といわれながらも、わが道を歩きつづけた学究の徒である。

前野良沢といえば、杉田玄白とともにオランダ語版の解剖図説『ターヘル・アナトミア』を翻訳し、『解体新書』と題して出版したことで有名だ。

良沢は享保《きようほう》八年（一七二三）、谷口家に生まれたが、のち豊前《ぶぜん》中津藩（大分県中津市）前野家を継ぐ。中津藩医として腕を振るう一方、早くからオランダ医学に関心を寄せていた。このため、四十三歳のとき、蘭学者の青木昆陽《こんよう》からオランダ語を学び、その後、藩主奥平昌鹿《まさか》の援助を受け、長崎に赴いてオランダ医学の修得につとめた。良沢は「蘭化」の号をもっているが、これは藩主昌鹿が「良沢は和蘭《オランダ》人の化物」といったことに由来するという。

『ターヘル・アナトミア』の翻訳を開始したとき、良沢はすでに四十九歳。完成したのは三年後の安永三年（一七七四）八月だから、彼は五十二歳になっていた。版元は江戸の須原屋市兵衛《すはらやいちべえ》である。

翻訳は数人の蘭学者の協同作業で、中津藩江戸屋敷内の前野宅で行なわれた。翻訳作業は困難をきわめ、玄白の回想録『蘭学事始《ことはじめ》』によると、

「まことに艪《ろ》や舵《かじ》のない船で大海に乗り出したようなものだった。あまりに広くて、目当てがつかず、頼りとする方法もなく、ただおろおろするしかなかった」

という状況だった。オランダ語の知識があるのは良沢だけだから、悲観したのも無理もない。だが、良沢が彼らを励まし、指導的な役割を果たしながら作業を進めた。満足な辞書がないなかでの翻訳で、原稿は十一回も書き改めたほどだった。

しかし、『解体新書』が出版されたとき、訳者名は杉田玄白だけになっており、前野良沢の名は消えていた。良沢は翻訳が未熟であり、さらに年月をかけて練り直し、完全を期すべきだ、と主張していた。良心派だったといってよい。ところが、野心家の玄白は功を急ぎ、出版に踏み切った。そこで良沢は、やむなく訳者から自分の名をはずさせたのである。

この出版によって、玄白は一流の蘭医として名声を博し、多くの弟子も集まるよう

になった。それだけに後半生は裕福にすごした。

それにたいして、良沢は自宅に閉じ籠《こも》ることが多くなった。病と称して門を閉ざし、交際を避けながら蘭学の研究を地道につづけたのである。医学はむろんだが、天文や暦学、地理など、広範囲な書物を翻訳していった。

だが、良沢はお金や名誉には無頓着《むとんちゃく》で、翻訳したものを出版しなかったし、若者が入門したいといって押しかけても断った。ただ蘭学の研究に取り組み、翻訳に没頭する日々だったようだ。

もっとも名利を求めずとはいえ、下命によってやり遂げた仕事もある。安永八年(一七七九)には将軍家に命じられ、『西洋画賛訳文稿』をラテン語から翻訳し、寛政二年(一七九〇)には老中松平定信の命で、『和蘭築城書』を訳出した。

良沢は中津藩医として家禄《かろく》を得ていたものの、高価な原書を買い込むため、家計は火の車だった。貧しい暮らしのなかで粗衣粗食に甘んじたが、晩年には長男と妻に死別し、やむなく次女が嫁いでいた藩医小島春庵《しゅんあん》に引き取られ、享和三年(一八〇三)、小島家で八十一歳の生涯を終えた。

世間にはすね者と映ったが、ひたすら研究をつづけ、偉大な業績を残した。もっとも、その業績が高く評価されたのは、後世のことである。

渾名《あだな》は「草葉の陰」――杉田玄白

前野良沢にオランダ語の指導をうけながら、協同作業でオランダ語版の、解剖図説『ターヘル・アナトミア』を翻訳、『解体新書』として出版した杉田玄白は、のちに蘭学創始者といわれ、多くの人びとから尊敬された。

杉田家は若狭《わかさ》小浜《おばま》藩（福井県小浜市）の藩医で、玄白は享保十八年（一七三三）、小浜藩江戸屋敷で生まれた。十七、八歳のころ、幕府の御典医西玄哲《にしげんてつ》の弟子となり、蘭方外科を本格的に学んだあと、二十一歳で藩医になった。

四年後の宝暦七年（一七五七）には、日本橋通四丁目（中央区日本橋三丁目）で蘭方医を開いている。彼の運命が変わったのは明和八年（一七七一）、三十九歳のとき、『ターヘル・アナトミア』を入手してからだ。

玄白は、これまでの漢方の五臓六腑説《ごぞうろっぷ》と異なる解剖図に衝撃をうけた。その年の三月四日、玄白はこの本を持参して、同僚の中川淳庵《じゅんあん》や前野良沢とともに小塚原《こづかっぱら》（荒川区南千住）の刑場に赴き、刑死体の腑分け（解剖）に立ちあい、人体の内部を詳細に観察。『ターヘル・アナトミア』の解剖図がいかに正確かを知っておどろく。

翌日から、前野宅で翻訳作業に取りかかった。作業に参加したのは玄白、前野、中川、それに石川玄常《げんじょう》、桂川甫周《かつらがわほしゅう》らだが、翻訳作業は苦労の連続だった。玄白はもともと虚弱体質で、体力に自信がなかったのか、つい弱音とも思える言葉を吐いた。

「あなたがたは体は丈夫だし、年齢も若い。翁《おきな》は多病だし、おまけに年を取っている。やがてこの翻訳が完成するだろうが、とてもそれを見るのはむずかしい。人の生死は、あらかじめ定めることができない。あなたがたが完全に成し遂げたときには、翁は地下の人となって草葉の陰で見ている」

このため、甫周は玄白に「草葉の陰」という渾名をつけたほどである。

翻訳が完成した安永三年（一七七四）、玄白はまだ四十二歳。それなのに、みずからを「翁」といっていたのである。前野良沢は五十二歳だが、あとの三人は中川淳庵が三十六歳、石川玄常三十一歳、桂川甫周は二十四歳で、たしかに玄白よりは若い。

玄白はさらに持病の胃痙攣《いけいれん》にも苦しめられていただけに、短命で終わるのではないか、と悲観的になっていたのかもしれない。だが、健康維持のために気を使い、八十五歳まで生き抜いた。

さらに玄白は、房事過多を戒めていたが、そのためみずからは四十一歳で結婚したくらいである。しかし、性生活は健全だったようだ。妻は登恵といい、一男二女を産んだが、三年も病床に伏したすえ、結婚十五年で先立ってしまった。玄白は五十六歳である。

その四年前に長男が早世し、あとに残されたのは十四歳の扇《せん》、八歳の八曽《やそ》という二人の娘だった。だが、玄白には当時、いよという妾がいて、二年前に男子が生まれている。妻が病死した翌寛政元年（一七八九）には、長女の藤《とう》を産み、その後、次女そめ、末娘八百《やお》と、あわせて一男三女をもうけた。

末娘の八百が生まれたとき、玄白は六十三歳。もともと虚弱体質で、持病に悩まされていた玄白がこのように健やかに生きつづけ、子どもに恵まれたのも、それだけ健康に気を配っていたからにほかならない。

晩年も開業医として多忙な日々を過ごした。七十三歳という高齢になっても、玄白は深川、神田、桜田、吉原、丸の内など、連日のように診察に出歩く。そればかりか、知人の宴会や芝居見物などにも足を運んだ。

玄白がやっと隠居したのは、文化四年（一八〇七）、七十五歳のときである。家督を養嗣子の伯元（扇の夫）にゆずったが、それでも現役の医者でありつづけた。

しかし、八十三歳のころから老いの衰弱が目立ちはじめ、歩くのもままならず、もの忘れもひどくなる。こうして文化十四年（一八一七）、八十五歳の生涯を静かに終えた。

奇行と遍歴の名医――永田《ながた》徳本《とくほん》

江戸中期の国学者伴蒿蹊《ばんこうけい》が寛政二年（一七九〇）に刊行した『近世畸人伝《きじんでん》』によると、永田徳本は奇行の名医として知られていた。つねに薬袋を頸《くび》にかけ、薬籠《やくろう》を背負い、牛の背に乗って、「甲斐《かい》の徳本、一服十八文」と声をかけながら諸国をめぐり、病を治療したというのである。

生国については三河（愛知県東部）、甲斐（山梨県）、信濃《しなの》（長野県）、美濃（岐阜県南部）など諸説があり、はっきりわからない。ともかく、成人してからは諸国を遍歴し、享禄年間（一五二八～三一）ごろから甲斐に定住するようになった。それゆえ、「甲斐の徳本」と称されたようだ。

二代将軍秀忠《ひでただ》は将軍職を家光にゆずり、大御所となった翌寛永元年（一六二四）、思わぬ難病に苦しんだ。御典医たちが力を尽くしたものの、いっこうに回復しない。万策尽きた御典医の曲直瀬《まなせ》玄朔《げんさく》が思い出したのは、永田徳本のことである。

玄朔の伯父は「わが国医学の中興の祖」といわれる曲直瀬道三《どうさん》だが、道三は存命中、つねづね徳本を尊敬し、玄朔に語っていた。玄朔はそのことを思い出し、徳本を老中に推挙した。

老中も玄朔が推挙するならと、徳本を江戸城に召し出す。老中は迎えの駕籠《かご》を用意したが、徳本はそれを断り、いつものように薬袋を頸にかけ、牛にまたがって登城した。

徳本は秀忠を診察し、さっそく峻剤《しゅんざい》を処方する。峻剤とは少量で強い作用をあらわす薬だが、そばにひかえていた御典医たちは危険だといって、その薬を使うことに反対した。そこで徳本は処方の効能や病への適応についてねんごろに説いた。秀忠はそれを聞いて納得し、徳本の薬を服用したのである。すると、じきに効能があらわれ、御典医たちがてこずった秀忠の病は、たちまち治ってしまった。秀忠は喜び、

「どうじゃ、余の侍医になってくれぬか」

といい、高禄で召し抱えようとした。しかし、出世に頓着しない徳本は、即座に固辞する。それではと、老中が高額の薬礼を出すと、徳本は、

「わしの薬代は一服十八文。たとえ将軍様であろうが、百姓であろうがみな同じじゃ」

といって、結局は数服分の実費、数十文を受け取っただけだった。こうして徳本は、ふたたび牛の背に揺られながら、江戸城をあとにした。

徳本は即効を心がけ、そのため病によっては峻剤、毒薬のようなきびしい薬を使い、毒を消し、病を攻撃する方法をとった。ときには、病人が目まいをしてもかまわず、病を治すために思う通り治療を行なった、と伝えられる。

徳本の生没年は不詳だが、一説によると永正十年（一五一三）に生まれ、寛永七年（一六三〇）、百十八歳で没したという。これが事実とすれば、徳本が秀忠を治療したとき、すでに百十二歳だったことになる。

窮屈なことはきらいで、だれにでも平等に一服十八文で治療した永田徳本。金持ち

に媚《こ》びたり、権力者に服従して、ひたすら利益をむさぼる医者が多いなかで、異色の存在だったし、世の人びとには徳本の行動が奇行と映った。

「万病一毒説」を主張——吉益東洞《よしますとうどう》

「すべての病は毒が動くことによって起こるが、薬もまた一種の毒物であり、治療とは毒をもって毒を制することだ。毒が去れば、病は癒《い》える」

これは漢方医吉益東洞が唱えた、有名な「万病一毒説」である。当時としては、まさに画期的な考え方だった。そのせいか、当初はなかなか理解されず、奇人扱いされたようだが、のちには名医の評判を高めた。

吉益東洞は元禄十五年（一七〇二）、広島で代々医者を営む家に生まれた。名は為則《ためのり》という。幼いころは兵法を学んだが、やがて「天下泰平の世で名をあげるには医学しかない」と悟り、熱心に医書を研究した。

三十七歳のとき、医者として立つ決心をし、家族をひきつれて京都へ出る。しかし、だれにも認められず、貧苦の日々を余儀なくされた。あるとき、偶然のことにある病人の家で山脇東洋《やまわきとうよう》に会い、東洞の運命が開けていく。

東洋は実験医学の先駆者として知られるが、東洞より三歳年下だった。丹波亀山《かめやま》の医者清水東軒の子として生まれたが、のちに宮廷の医官山脇玄修の養子となり、二十三歳で養父のあとを継いだ。

彼は中国医学の説をそのまま信ずることができず、実際に人体を調べてみたい、と考えた。こうして宝暦四年（一七五四）、刑死体を使って日本初の医学解剖を行ない、五年後にその結果を『蔵志《ぞうし》』という著書にまとめ、旧説の誤りを指摘した。

東洞はその東洋の前で病人への処方について述べ、東洋に認められ、やがて名医として知られるようになった。これが四十五歳のときのことである。

当時の漢方には、後世方《ごせいほう》と古医方《こいほう》との二派があった。後世方は鎌倉末期以降に伝えられた中国の金、元の医学を奉ずる一派で、古医方は後世方の医学を排し、それ以前の晋《しん》、唐の根本精神に復帰、経験と実証にもとづく治療を主張する一派だ。東洞は東洋と同様、古医方をとり、後世方の医者たちが陰陽五行説などをもとに、観念論に陥っていることを批判し、実証的医学を行なうよう主張した。「万病一毒説」もそうした流れのなかから出てきたのである。

さらに東洞は、中国の多くの薬の処方のなかから有効なものを集め、『類聚方《るいじゅうかた》』を編集している。これはたいそう便利なもので、漢方の普及に役立った。

具体的な経験によって、合理的な治療法を確立しようとする東洞の姿勢は、やがて多くの人びとに理解され、名医の評判が高まった。なお、東洞という号は、京都の東洞院《ひがしのとういん》通に住んでいたところからつけたという。東洞は漢方の普及に尽くす一方、若い人びとを教育し、多くの逸材を育てた。安永二年（一七七三）九月二十五日、七十二歳で没した。

「オランダ正月」を催す――大槻玄沢《おおつきげんたく》

寛政六年（一七九四）閏《うるう》十一月十一日、江戸でオランダ正月なる祝宴が開かれた。主催者は蘭医で、江戸蘭学の総帥《そうすい》とまでいわれた大槻玄沢である。場所は京橋水谷町（中央区銀座一丁目）。玄沢の家塾芝蘭堂《しらんどう》だった。

これは長崎出島のオランダ商館で行なわれていた行事を真似《まね》たもので、玄沢は多くの蘭学者を招いた。座卓をつなげた長テーブルにはスプーンやナイフ、フォークなどが並べられ、集まった連中はグラスで乾杯し、料理に舌鼓《したつづみ》を打った。

異国趣味の宴だが、これは蘭学者たちによる太陽暦の元日を祝う行事だった。寛政六年閏十一月十一日は、太陽暦では一七九五年一月一日にあたっていたのである。

当時、日本はキリシタン禁令下にあったため、日本に滞在していたオランダ人たちは、公然とクリスマスを祝うことができない。その代わりに正月の祝賀にならい、オランダ正月と称する祝宴を開いた。そこには日本人通詞らが招かれたが、大槻玄沢も長崎遊学中、出島の通詞吉雄耕牛《よしおこうぎゅう》の屋敷で催されたオランダ正月を体験していた。

玄沢が開いたオランダ正月では、蘭医や蘭学者の行事らしく、部屋には医学の父と仰がれるヒポクラテスの肖像画が飾ってあった。さらに玄沢らは外国の新知識を吸収しようと、二年前の寛政四年（一七九二）、ロシアから帰国した大黒屋光太夫《だいこくやこうだゆう》をゲストとして招いた。オランダ正月は世間に珍奇と映ったが、その後、玄沢の子玄幹《げんかん》に引き継がれ、天保八年（一八三七）まで四十四回催されている。

玄沢は宝暦七年（一七五七）生まれで、名を茂質《しげかた》という。父は玄梁《げんりょう》といい、蘭医として開業していたが、のちに仙台藩の藩医となった。

玄沢も十三歳のころから蘭医建部清庵《たけべせいあん》の弟子となり、二十二歳のときに江戸へ出て、杉田玄白から本格的にオランダ医学を学んだ。また、玄白の紹介で、当代一と称されたオランダ語学者前野良沢に入門して、オランダ語を学んでいる。玄沢という号は、二人の師の名前から一字ずつもらって組み合わせたものである。

やがて、仙台藩医となり、気鋭の蘭学者として名をあげていく。天明三年（一七八三）九月、二十七歳のときには、わが国初のオランダ語入門書『蘭学階梯《かいてい》』を書きあげ、五年後に刊行された。「階梯」とは学芸などを学ぶ段階のことで、手引きとか入門を意味する。平易に書かれているため、広く普及した。

その後、玄沢は長崎に遊学し、天明六年（一七八六）には江戸の自宅に芝蘭堂を開いた。これは初の蘭学塾とされ、多くの蘭学者を輩出している。そうした一方、玄白から依頼されたこともあって、玄白らが訳した『解体新書』の誤りを改め直し、寛政十年（一七九八）に『重訂解体新書』を著した。着手して二十四年後だが、これが出版されたのはさらに二十八年後の文政九年（一八二六）のことだった。

ところが、その翌文政十年（一八二七）春、玄沢は病に倒れる。食欲不振を伴った老衰とされるが、この年の三月三十日、七十一歳で天寿をまっとうした。

永蟄居《えいちっきょ》になった御典医——土生玄碩《はぶげんせき》

眼科医の土生玄碩は、シーボルトから眼病治療法を学び、その代償として将軍から賜った紋服を贈り、改易となった。巨万の富を築きながらも、医学への飽くなき探求心をもちつづけていたようだ。

玄碩は、明和五年（一七六八）、安芸《あき》吉田（広島県高田郡吉田町）で、眼科医の家に生まれた。十七歳のとき、京都へ出て眼科医の修業を積み、大坂で開業した。しかし、無名のために訪れる患者がなく、暮らしていけない。そこで玄碩は、やむなく夜になると笛を吹いて歩き、按摩《あんま》をして飢えをしのいだという。

その後、吉田へ戻り、家を継いだ。だが、白内障の治療ができなかったことで未熟さを悟り、ふたたび京都へ勉学に出る。もっとも当時、白内障は不治の病とされ、腕のいい眼科医でも治療は困難だった。玄碩は京都で学ぶうちに、いくつかの新しい治療法を発見。白内障の手術にも成功して評判が広まった。

やがて広島藩の藩医になったが、文化五年（一八〇八）、玄碩は前藩主浅野重晟《しげあきら》に命じられて江戸へ赴く。南部藩主に嫁いでいた重晟の六女の眼病を治療するためだが、このとき、杉田玄白の家に滞在し、蘭学を学んでいる。

重晟の娘の手術は、江戸の南部藩邸で行なわれ、無事に成功した。彼のすぐれた手術の腕前は幕府にも伝わり、翌文化六年、将軍の侍医に加えられ、法眼《ほうげん》の位を授けられた。

当時、御典医といっても完全に束縛されるわけではなく、市中で開業することもできた。玄碩も開業したが、手術の腕がいいし、将軍家の眼科医もつとめているとあって、多くの患者がつめかけた。

玄碩は治療するだけでなく、目洗薬と点眼薬をつくって売り出した。その袋には、効能を書き並べたほか、抜け目なく「将軍家眼科医」と記した。玄碩は商売上手、宣伝上手でもあった。

薬礼（治療の礼金）がどんどん入ってくるようになると、玄碩は利殖にも精を出す。土地や長屋に投資したほか、湯屋や寄席《よせ》の株まで買い取った。そればかりか、金貸しにも手を出している。それらが利益を生むから、金は増えるばかりだった。

玄碩は金の置き場所に困って、金を炭俵につめ、それを天井に吊《つる》していた。ところが、炭俵がしだいに増えるものだから、重さに耐えきれなくなったのだろう。あるとき、激しい音を響かせながら天井が落ちてしまった。なんとも豪勢な話である。

しかし、つい調子に乗りすぎると、思わぬ落とし穴にはまることもある。文政九年（一八二六）三月、シーボルトがオランダ商館長スチューレルの江戸参府に随行し、日本橋本石町《ほんこくちょう》（中央区日本橋室町四丁目）の長崎屋に滞在しているときのことだ。

玄碩はシーボルトに面会すると、瞳孔《どうこう》を開く秘薬について教えを求めた。シーボルトが教える代償に、玄碩が将軍から拝領した葵《あおい》の紋服を欲しがったため、玄碩はそれをあたえ、秘薬を教えてもらった。

その後、文政十一年(一八二八)、シーボルトが帰国するとき、日本地図など禁制品を所持していたことから、スパイ容疑で取り調べをうけた。禁制品のなかに、玄碩が贈った葵の紋服も発見され、玄碩も罪に問われたのである。

玄碩の立場や秘薬を知りたいという気持ちなど、同情すべき点はあった。それが理解され、玄碩は永蟄居となったのである。表向き治療はできないものの、弟子たちを指導しながら安政元年(一八五四)、八十七歳の生涯を終えた。

庶民を楽しませた人気者たち

危険な「曲持ち」の名人——早竹虎吉《はやたけとらきち》

江戸では両国広小路《ひろこうじ》、浅草奥山に多くの見世物小屋が立ち並び、綱渡りや籠《かご》抜け、梯子《はしご》乗りなどの軽業《かるわざ》を披露し、見物客の拍手喝采《かっさい》をあびていた。見世物は江戸庶民にとって、大きな楽しみだった。

その軽業の人気者に早竹虎吉がいた。生年は不詳だが、文政年間（一八一八〜二九）ごろ、京都で生まれたという。

虎吉は京都や大坂、堺《さかい》などで活躍したあと、安政四年（一八五七）一月、はじめて江戸へ下り、両国広小路で興行、大評判をとった。その人気は浮世絵にまでおよび、興行がはじまる前から虎吉の軽業を描いた錦絵が出版され、最終的には十軒の版元から三十数点も売り出されたほどだった。

当時の見世物小屋は、筵《むしろ》掛けの小規模な仮設小屋だが、虎吉が興行した小屋は見上げるほど大きい。それというのも、虎吉が演じる曲芸はかなりの高さが必要で、低くて小さな小屋ではできなかったからだ。

虎吉は曲独楽《きょくごま》、軽業、手品、綱渡りなどを得意としたが、とくに売り物にしていたのは「曲持ち」だった。これは手や足、肩、腹などでさまざまなものを持ち上げ、あやってみせる曲芸である。

一本の長い竹竿《たけざお》の先に武者姿の少年が足を引っかけ、吊《つ》り下がった状態となり、片手に日の丸の扇を持ち、両手をひろげる。虎吉はこの竹竿を肩で支えながら、三味線を弾くという、はらはらどきどきする芸をみせ、人気を集めた。少年は、竹竿の先に片足のちょんがけでぶらさがっているだけだから、危険きわまりない。

さらに「風車」と呼ばれる芸は、危険度がもっとも高い。これは少年が竹竿の先端にうつぶせに腹を乗せ、そのまま手足をのばすと、風車のようにくるくるまわるというものだが、といって、少年がまわるわけではない。虎吉が竹竿を支えながら巧みにバランスをとり、竹竿をまわすのだ。この芸には、嵐《あらし》のような拍手が鳴り響いた。

舞台の背景には富士山の書割があり、虎吉の芸を引き立てる。こうした芸を演じてみせるだけに、広くて大きな小屋が必要になるのも当然のことだった。むろん、虎吉の芸はそれだけではない。十種類もの演目がつづく、規模の大きなものだった。

虎吉はその後、慶応三年（一八六七）、横浜から船でアメリカへ渡り、サンフランシスコ、ニューヨークなどで興行し、人気を博した。進取の気性に富む虎吉だったが、翌年二月八日、ニューヨーク公演の直後、心臓病で没した。

源内も絶賛した「曲屁《きよくひ》」——霜降花咲男《しもふりはなさきお》

江戸庶民に人気のあった芸人に「霜降花咲男」がいる。これは芸名で、本名は伝えられていないし、生没年や出身地もわからない。

しかし、さまざまな見世物で賑《にぎ》わっていた両国広小路のなかで、花咲男が異彩を放っていたのは事実だ。安永三年（一七七四）四月、見世物小屋には「昔語り花咲男」の幟《のぼり》がひるがえり、絵看板には尻《しり》をまくった奴頭《やっこあたま》の男が描かれ、客を誘った。

花咲男の芸は「曲屁」、すなわちおならの芸というのだから、まさに奇人である。江戸庶民は意表をつく芸におどろき、「曲屁男」といって話のタネにした。

平賀源内といえば、燃えない布「火浣布《かかんぷ》」を開発したり、わが国初の寒暖計「寒熱昇降器」をつくったほか、エレキテル（摩擦起電装置）を自作した天才だが、その源内も花咲男に興味を抱いた。さっそく見物すると、風来山人《ふうらいさんじん》の筆名でつぎのような

『放屁論《ほうひ》』を書いたほどだった。

「木戸を入れば、上に紅白の水引《みずひき》（横に張る細長い幕）をわたしてあり、放屁男は囃子《はやし》とともに舞台へ上がると、中央にすわった。その人と身なりは、中肉にして色白く、三日月形の撥鬢奴《ばちびんやっこ》（鬢を三味線の撥先のような形に剃《そ》り込んだ髪形の町奴姿）。縹《はなだ》（薄青色）の単衣《ひとえ》に緋縮緬《ひぢりめん》の襦袢《じゅばん》。口上さわやかにして憎げない」

「まず、最初がめでたい三番《さんば》叟《そう》。トッパ、ヒョロヒョロ、ピッピッピッと拍子よく鳴る。つぎが鶏と東天紅（暁に鶏の鳴く声）をブ、ブゥーブゥーと放《ひ》りわける。そのあとが水車で、ブウブウブウとやりながら自分の体は車返り（手をついて、つづけざまに横に身をひるがえすこと）。さながら車の水勢に迫り、汲《く》んでは移す風情《ふぜい》がある」

一般的におならといえば、イモなどを食べると出やすいという。しかし、曲屁は食べ物と関係がなく、もっぱら空気を活用する。十分に訓練を重ねたプロは、一度に吸い込んだ空気を、意のままに多様な音を出しながら、七十発くらいに分けて放つことができるものらしい。それにしても曲屁というのは変わっている。

花咲男は、古くからの「梯子屁」「数珠《じゅず》屁」などのほか、「犬の遠吠《とおぼ》え」や「一番鶏《いちばんどり》の声」などを真似《まね》たり、さまざまな音曲までおならで表現した。その見事さは江戸中の評判となり、老若男女《ろうにゃくなんにょ》を問わず、連日多くの見物客が押し寄せた。

遊女の身を助けた怪力――怪力ともよ

両国広小路には「怪力ともよ」という、怪力芸で人気を呼んだ若い女もいた。

彼女は越後《えちご》高田で生まれたが、安永七年（一七七八）、十九歳のとき、あまりの貧しさに江戸本郷の岡場所に遊女として売られてきた。色白で、気だてもよかったが、なにしろ身の丈が六尺（約一・八メートル）もあった。彼女を一目見るなり、抱え主は困惑げな顔をした。

当時の江戸では、瓜実顔《うりざねがお》の小柄な女が好まれていたからである。しかし、客のなかにはもの好きもいるから、店に出してみなければわからない。

抱え主は、さっそくともよを店に出したが、さすがにもの好きな客も彼女のあまりの大きさに恐れをなし、しり込みしてしまう。抱え主は、さっぱり客がつかない彼女の処遇に頭を抱えた。だが、まもなく彼女に転機が訪れる。

ある雨の日、配達にきた酒屋は酒樽《さかだる》を積んだ大八車が店の前の泥濘《ぬかるみ》に沈み、動けなくなったので舌打ちした。車が傾いているから、早くなんとかしなければならない。だが、酒屋が懸命に引っぱっても車は泥濘から抜けなかった。それを見たともよは、

急いで大八車に走り寄ると、

「危ないよ。酒樽が落っこちてしまう」

というなり、片手で酒樽をつかみあげ、店の台所へ運んでいった。四斗樽だから、男だって持ち上げるのは容易でない。

抱え主はその光景を見ておどろいたが、ふと「見世物に出したほうがともよのためになるのではないか」と思いつく。さっそく両国広小路の見世物小屋へ出かけ、話をつけてきた。こうして、ともよは芸人に転身したのである。

見世物小屋では「怪力ともよ」の看板を出し、彼女を舞台に乗せた。だが、芸といっても歌舞音曲ができるわけでもなく、もっぱら怪力芸を見せるだけだった。

たとえば、片手で碁盤をもち、それを団扇《うちわ》のようにあおいでローソクの火を消す。あるいは、五俵の米を積んだ大八車を両手で持ち上げたり、あお向けになって腹の上に臼《うす》を乗せ、餅《もち》をつかせる、という単純なものだ。しかし、大女ではあったけれども、色白で若かったから、舞台に姿を見せるだけで客はどよめいた。

日ごとに人気が高まり、彼女の手形を売り出したところ、一枚二百文（約五千円）もしたのに飛ぶように売れた。やがて金もたまり、ともよは故郷に帰って静かに暮らしたという。

異国人の「生人形《いきにんぎょう》」で人気――松本喜三郎

幕末には「生人形」という見世物が流行した。生きた人間の姿に似せてつくった張子人形だが、あたかも生きているように見えるとあって、多くの人びとが見物につめかけた。

その創始者は、松本喜三郎という細工師である。喜三郎は文政八年（一八二五）、肥後熊本で生まれた。当初は鞘師《さやし》、絵師として腕を磨いたが、やがて細工のおもしろさにのめり込み、細工師となった。

見世物の一種に「細工物」と呼ばれるジャンルがあり、等身大の人物や物語の一場面を表現して客を集めた。『守貞漫稿《もりさだまんこう》』には「木偶《でく》（人形）あるいは紙細工、糸細工、硝子《ガラス》細工、竹細工など」とあるが、細工物の素材は多様だった。それらを自在に用いて、一種のパノラマをつくり出したのである。

喜三郎は熊本で、さまざまな細工物をつくり、祭などで見せていた。細工の技は天才的で、じつにリアルに生人形をつくるものだから人気が高かった。それだけに喜三郎も、いずれは大坂や江戸で興行し、見物客をあっといわせたいと意欲を燃やしていた。

しかし、だまっていたのでは、その機会が訪れることもない。そこで喜三郎は大坂へ出ると、積極的に興行主へ売り込みをはじめる。こうして安政元年（一八五四）、三十歳のとき、難波《なんば》新地で興行することができた。

このときは『鎮西八郎島廻り《ちんぜいはちろうしまめぐ》　生人形細工』と題したが、これが「生人形」という名称を使った興行の最初とされる。

鎮西八郎は源為朝《ためとも》の通称だが、彼は保元《ほうげん》の乱後、伊豆大島に配流《はいる》された。しかし、さらに八丈島や琉球《りゅうきゅう》（沖縄）へ渡ったという伝説があり、滝沢馬琴の読本『椿説弓張月《ちんせつゆみはりづき》』はそうした為朝伝説を素材にした武勇伝で、幅広い読者を得た。そのほか、多くの芝居でも取り上げられている。

喜三郎は、これを生人形で表現し、人気を集めたのである。翌安政二年には江戸に進出、浅草奥山で興行して大評判をとった。鎮西八郎を取り上げたとはいえ、そのまま生人形にしたわけではない。「島廻り」とは「異国の島を廻ること」だから、さまざまな異国人の生人形を登場させ、長崎丸山の遊女たちがそれを眺めているという構成になっていた。

当時は多くの異国船が来航し、開港を迫っていた時期であり、異国への関心が高まっていた。喜三郎は異国人の生人形によって、そうした時代の雰囲気を表したわけである。細工の技もさることながら、そうしたアイデアも抜群だった。多くの見物客が押し寄せ、札止めになることもたびたびだったというから、その人気も高かった。喜三郎は明治二十四年（一八九一）、六十七歳で没するまで、多くの人びとを楽しませた。

心のままにぶらぶら歩く

歩くことが楽しみの人生――村尾《むらお》嘉陵《かりよう》

江戸時代、おおっぴらに散歩ができたのは隠居か、遊び人くらいのものだった。江戸市中をただぶらぶら歩くというのは、不審を招くだけだし、まともな人間ならそんなことはしない、という社会的常識があった。

しかし、そうした時代でもぶらぶら歩きを楽しみとする人はいた。なかでも江戸後期の村尾嘉陵は、ぶらぶら歩きの達人といってよいほどよく歩いた。江戸とその近郊を歩きに歩いて、ついに『嘉陵紀行』（別名『江戸近郊道しるべ』）と題する記録を残したほどである。

嘉陵は本名を正靖《まさやす》といい、宝暦十年（一七六〇）に生まれた。御三卿《きよう》の一つ、清水家に仕える武士で、御広敷《おひろしき》用人をつとめていた。

御三卿というのは、御三家（尾張《おわり》徳川、紀伊《きい》徳川、水戸徳川）につぐ徳川将軍家の支族で、田安家、一橋家、清水家のことである。御広敷とは奥向きのところだが、嘉陵は清水家で主《あるじ》夫婦の生活の事務責任者をしていたようだ。

嘉陵がなぜ、ぶらぶら歩きを好むようになったのかはわからない。見知らぬ土地へいってみたいというのは、だれもが抱く欲求だから、嘉陵もそうだったのかもしれない。

文化四年（一八〇七）、四十八歳のときからぶらぶら歩きをはじめ、それ以来、寺社や花を訪ねる日帰りの散歩を楽しみとするようになった。御広敷用人というのは、なにかと仕事が多く、多忙だったのだろう。そのため、四十代の終わりに近づくころ、やっと出かけたのである。

もっとも、当初は頻繁に出かけるというわけにはいかなかった。文化四年から文化十二年（一八一五）までの九年間で、出かけたのはわずか三回でしかない。しかし、文化十三年からは暇が多くなったのか、毎年数回は出かけるようになった。

たとえば、文化十三年九月十五日、嘉陵は五十七歳のとき、江戸西郊にある井の頭（三鷹市）へ出かけている。当時、嘉陵は浜町（中央区日本橋浜町）に住んでいたが、巳《み》の刻（午前十時ごろ）に出発し、市谷御門（千代田区五番町）、成子《なるこ》（新宿区）を経て、午《うま》の刻（正午ごろ）には堀の内の妙法寺（杉並区堀ノ内）に到着した。

その後、美しい田園風景を眺めながら、上高井戸（杉並区下高井戸）を経て、井の頭にたどりつく。

近くには蝮《まむし》が多かったようだ。池については、こう記している。

「池はそれほど大きくはない。だが、池につづいている葦《あし》と荻《おぎ》が生い茂っている沼地は広い。その葦や荻、茅《かや》、薄《すすき》などは刈り取らず、自然のままに放置してあった。このため、水面の半分はそれらに覆《おお》われ、ほとんど水が見えない。しかし、葦の奥や薄の陰には、おびただしい数の雁《かり》や鴨《かも》が群らがっていた」

池の向こう岸には数本の楓《かえで》が紅葉して、じつに美しい。嘉陵はそうした風景を堪能《たんのう》し、帰途につく。家に着いたのは四つ（午後十時）ごろである。

嘉陵は事務方とはいえ、あくまでも武士だったから、個人的な楽しみのために宿泊することは許されない。そのため、もっぱら日帰り可能な江戸近郊を歩きまわった。それにしても、嘉陵の健脚ぶりには脱帽せざるをえない。浜町から井の頭の池までは直線距離でも五里（約二十キロ）、それを六十歳に近い年齢で往復したのだからすごいものだ。

嘉陵は天保十二年（一八四一）、八十二歳で没したが、七十五歳まで歩きつづけた。嘉陵にとって、歩くことが楽しみであり、喜びだった。

一日五度の庭歩き――松平定信

三十歳の若さで老中首座となった松平定信は、五十五歳で隠居したが、隠居後は、当時としては珍しく、散歩を日課としていた。武士の外出は羽織、袴《はかま》をつけ、腰には大小を差す、というのがしきたりである。とくに用もないのに市中をぶらぶら歩くのは「お忍び」であり、あまり歓迎されることではなかった。

しかし、隠居であれば、ぶらぶら歩いてもだれも咎《とが》めだてしない。好きなときに、好きなだけ歩くことができたのである。だが、定信は隠居したとはいえ、もとは大名だから江戸市中を自由に歩くのはむずかしい。じつをいうと、定信がぶらぶら歩きをしたのは、庭のなかだった。

定信は宝暦八年（一七五八）、御三卿の筆頭田安宗武《たやすむねたけ》の三男として生まれたが、十七歳のとき、陸奥《むつ》白河藩（福島県白河市）主松平定邦《さだくに》の養子となった。

天明三年（一七八三）、定信は二十六歳で白河藩主となったが、その直後、江戸時代最大といわれる天明の大飢饉《だいききん》が各地を襲い、定信もその対策に苦慮する。被害が大きかったのは東北地方で、たとえば津軽藩では餓死者八万余人、南部藩でも四万余人が餓死する、という悲惨な状況だった。むろん、飢饉に襲われたのは、白河藩も例外ではない。

そのなかで定信は藩士の減俸、倹約の励行、免税、物資調達などで手腕を発揮したのである。この結果、餓死者を出さずに危機を切り抜け、名君とたたえられた。

定信は文化九年（一八一二）、長男の定永に家督をゆずり、隠居したが、そのあとは築地《つきじ》（中央区築地）の松平家下屋敷に住み、悠々自適の日々をすごした。定信は自叙伝ともいうべき、『修行録』を著わしているが、これをみると、まず日々の暮らしがじつに規則正しい。

朝は六つ半（午前七時ごろ）に起き、夜は五つ半（午後九時ごろ）に寝るのがつねだが、これは若いころからの習慣で、隠居しても変わらない。たまに友人や知人を招き、宴会を催すことがあっても、酒は酉《とり》の半ば（午後七時ごろ）にはやめたし、戌《いぬ》の刻（午後八時ごろ）には客を帰すようにした。

「老いの寝覚めの習いか、四十路《よそじ》のころから寅《とら》の半ば（午前五時ごろ）には目が覚めた。だが、人を起こさず、夜が明けてから炭熾《おこ》しなどをし、卯《う》の半ば（午前七時ごろ）には起き出た。昼寝はしないし、炬燵《こたつ》に足をのばしてあたることも、むかしからない。ただ炬燵をうしろにして、前に机を起き、物を書くばかりである」

隠居の身だから、時間はたっぷりあったのだろう。定信は、よく庭を歩いた。庭といっても広大な庭である。敷地は一万七千坪（約五万六千平方メートル）あり、庭園のなかには竹林や山、池などをつくったほか、池には二つの島まであった。しかも、この庭園から海を望むこともできたのである。

「夏のころは、髪の手入れをしてから庭を歩き、帰ってから食事をした。涼しいころには、朝食をすませて庭を歩き、昼ごろに二度歩き、夕方にまた歩く。暑い日でも、日が傾くころに一度、日暮れ前にもう一度歩いた。そのほかの季節でも、昼から日の暮れるまで、四度も五度も歩くのがつねだった」

広大な庭を一日に四度も五度も歩きまわるのだから、定信は相当な距離を毎日歩きつづけていたことになる。これほどの散歩好きも珍しい。

博打《ばくち》から足を洗った地理学者——古川古松軒《ふるかわこしょうけん》

紀行文『西遊雑記』『東遊雑記』で知られる古川古松軒は若いころ、博打に熱中していた。しかし、その反面、少年時代から地理が好きで、長ずるにおよんで各地をぶらぶら歩き、風景を眺めたり、奇峰を見ては楽しむ、という変わったところがあった。

古松軒は享保《きようほう》十一年（一七二六）、備中《びつちゆう》の新本村《しんぼん》（岡山県総社市）で、庄屋の長男として生まれた。名を辰《たつ》、通称を平次兵衛《へいじべえ》という。古川家はほかに薬種業を営み、医術も行なっていた。

生母は和歌や書をよくしたが、古松軒が八歳のとき、病死してしまった。しかし、古松軒は生母の影響をうけて和歌に親しみ、さまざまな本を読んだ。ところが、やがて友だちに誘われて博打を覚え、しだいに深みにはまった。

博打の魔力は強力である。いくどもやめようと思ったが、つい手を出してしまう。やっと博打から足を洗うことができたのは、四十四歳のときだった。それからは心機一転、少年のころから好きだった地理に、本格的に打ち込んだのである。

といって、机上の勉強をするだけではない。実際に各地を歩き、自分の目でたしかめていった。そのために、蘭学《らんがく》を学び、独学で測量術を身につけたほどだ。

天明三年（一七八三）、五十八歳のとき、古松軒は半年の歳月をかけて九州を一周した。当時、備中の岡田村（岡山県吉備《きび》郡真備町《まびちよう》）に住んでいたが、そこから出発し、九州へ渡ってからは豊前《ぶぜん》（福岡県東部）、豊後《ぶんご》（大分県）、日向《ひゆうが》（宮崎県）と南下し、さらに薩摩《さつま》（鹿児島県）から肥後（熊本県）、肥前（佐賀県）、筑後《ちくご》（福岡県南部）、筑前（福岡県北西部）と歩きつづけた。

その後、下関へ渡り、舟に乗って瀬戸内を進み、帰宅した。古松軒は一人でぶらぶら歩いたのだが、これをまとめたのが『西遊雑記』である。古松軒は各地の地形などを見て歩くのが好きだし、好奇心が旺盛《おうせい》だった。それだけに道すがら見聞したことを書きとめ、さらに珍しい風物は写生した。

天明八年（一七八八）、六十三歳のときには、幕府巡見使の副使三枝《さえぐさ》十兵衛に随行し、奥羽《おうう》（東北）、蝦夷地《えぞち》（北海道）をめぐり歩いた。『東遊雑記』は、このときの見聞をもとに著したものだった。

一行は従者や人足を加え、千人を超えたが、人跡まれな下北半島（青森県）の海岸をめぐり歩くなど、苦労の多い旅だったようだ。蝦夷地へ渡るときには、津軽藩が百余隻《せき》の船を用意している。古松軒は船でも記録を怠らない。

船頭の簑《みの》を借り、頭からかぶって舳先《へさき》に立つ。しかも、海中へ振り落とされないように、綱で体をしばりつける。こうして古松軒は揺れる船上で、岬や海岸の名を水夫にたずねながら、見取図を描いた。

博打から足を洗い、地理学者になったのは、古松軒くらいのものだろう。いまならユニークな変身と話題になるが、当時はただ変人としか見られなかった。それでも古松軒は後半生、ひたすら歩きつづけ、文化四年（一八〇七）、八十二歳で没した。

名所めぐりで茶を楽しむ――十方庵敬順《じっぽうあんけいじゅん》

「わたしは文化九年（一八一二）三月、住職をゆずり、隠者となって以来、花とか紅葉とか、季節にかかわらず、あるいは少しくらい遠くても気にせず、杖《つえ》を手にして古跡名所をたずね歩いた。とくに風景のよい土地に遊び、英気を養おうとした」

これは十方庵敬順という隠居が文政十二年（一八二九）にまとめた『遊歴雑記』の一節である。

敬順は江戸小日向《こひなた》水道端（文京区水道二丁目）にあった廓然寺《かくねんじ》の住職だったが、隠居後は近くの庵《いおり》に住んだ。といって、ひまをもてあましていたわけではない。気ままな身になったのをいいことに、江戸市中をぶらぶら歩き、名所をたずねて楽しんだ。

それればかりか、近郊まで足をのばした。たとえば、青山原宿（渋谷区神宮前）の松平家下屋敷に、由緒《ゆいしょ》ある手水鉢《ちょうずばち》があると聞き、わざわざ見に出かけている。それは六百年ほど前、歌人の藤原定家が大切に使っていたものだという。また、中目黒村（目黒区中目黒）につくられた富士塚を訪れ、頂上まで登った。

さらに、佃島《つくだじま》（中央区佃）へ舟で渡り、島のなかをぶらぶら歩き、海岸から房総や三浦半島などを眺めた。いまは超高層ビルが立ち並ぶ西新宿も、江戸のころはひなびた農村地帯である。敬順は十二社《じゆうにそう》（いまも新宿中央公園のなかにある）の滝を見に出かけ、つぎのように記している。

「社殿の東に滝があり、その水音が響く。境内は広く、桜や桃、杏《あんず》、李《すもも》などの花が咲くころには、ここで風流な宴会を催し、サツキが咲きそろうときにはホトトギスが啼《な》きつづけ、風流な趣の眺めが抜群である。西に古池があり、その岸辺にサツキや山吹が咲くと、水面に映えて美しい。西南は小松の平山になっていて、景色には人手が加えられていない」

池のそばに臨江亭という庵があり、ここで麦飯か、蕎麦切《そばきり》を食べることができた。五、六年前の雪のころ、敬順はここを訪れたことがある。ちょうど、雅会《がかい》が催され、発句合《ほっくあわせ》の最中だった。敬順も誘われ、「社頭の朝」という題で一句詠《よ》んだ。

「神垣や雪はなにより朝きよめ」

敬順はこうも書いている。

「わたしは下戸《げこ》だから酒の楽しみを知らないし、歯がないのであれこれ美食することもできない。それゆえ、ただ茶道具を古びた袋に入れて持参し、諸方を遊歴するだけである」

敬順はすでに老人だったけれど、ぶらぶら歩き、名所旧跡で茶を飲むのを楽しみとしていた。持参した茶道具というのは、たたみ焜炉《こんろ》と煎茶《せんちゃ》道具である。松平家の屋敷に由緒ある手水鉢を見にいったときも、茶道具をたずさえていた。

広い庭には数百本もの桃が植えられ、ほかに桜や梅、李、楓《かえで》、松などの木もあって、見事な眺めだった。敬順は庭を見てまわったあと、用意してきたたたみ焜炉を組み立て、煎茶を入れると、案内してくれた屋敷の男と一緒に飲んだ。

目黒の富士塚でも中腹の松の下で、茶を飲み、弁当を食べながら飽きるまで風景を眺めた。ここでは遠くから水を汲《く》んで、また登るなど苦労したため、「もし、この山の中腹に清水が湧《わ》き出せば、金と玉を拾う心地だろう」と書いている。

それにしても敬順はよく歩いた。名所をめぐりながら茶を入れて飲み、句を詠む。さらに土地の人びとに茶を勧め、会話を楽しんだこともある。好きなことをしながら老年期をすごした敬順だが、天保三年（一八三二）、七十一歳で死去した。

親子三代で完成の観光案内書——斎藤月岑《げっしん》

江戸の景観や近郊の風景を知るうえで欠かせないのが『江戸名所図会《ずえ》』である。

「江戸」と題しているが、扱っている範囲は広く郊外におよび、むしろ「武蔵《むさし》」と題したほうが適切かもしれない。

絵を描いたのは長谷川雪旦《はせがわせったん》で、全体を俯瞰《ふかん》するような構図の精密な絵は、その場所を実際に見たことがない人でも、まるでその場に立っているかのように理解することができた。それほど写実的な絵だったのである。

むろん文章も、ぶらぶら歩いて実地を調査取材しただけに、正確だし、具体的だった。名所の起源や由来については、多くの文献を引用しているが、文献のない場合は、地元の人びとに取材し、どのようにいい伝えられてきたかを記した。

この『江戸名所図会』を出版したのは斎藤月岑だが、彼もよく歩いた一人だった。月岑は名を幸成《ゆきなり》といい、文化元年（一八〇四）、江戸神田雉子町《かんだきじちょう》（千代田区神田小川町・神田司《つかさ》町）の町名主の家に生まれた。

文政元年（一八一八）、父の幸孝《ゆきたか》が死去したため、月岑は十五歳の若さで、代々つづいた町名主を継いだ。町名主というのは町年寄の下に属し、御触れの伝達、人別の調査、紛争の仲介、訴訟出廷のつきそいなどをする町役人で、多忙きわまりない。

月岑は若いころから、儒学者の日尾荊山《ひおけいざん》が新銀町《しんしろがね》（千代田区神田多町《たちょう》、神田司町）で開いていた私塾に入門し、漢学や国学を学んでいた。月岑はたんなる町名主ではなく、向学の人であり、文化人でもあった。

ところで、『江戸名所図会』は、月岑が一人で完成させたわけではない。もともと、月岑の祖父斎藤幸雄《ゆきお》が人びとの物見遊山《ゆさん》が盛んになったのを見て、江戸の名所旧跡の案内書をつくろうと思い立ったのがきっかけである。幸雄は寛政年間（一七八九〜一八〇〇）、さっそく江戸市中から近郊を歩きまわり、草稿を書きあげた。

だが、寛政十一年（一七九九）、幸雄が死去したため、頓挫《とんざ》してしまった。その後、幸雄の息子で、月岑の父にあたる幸孝があとを引き継ぐ。幸孝は補稿を加えようと、

絵師の長谷川雪旦をともない、江戸近郊を歩きつづけたのである。しかし、文政元年（一八一八）、幸孝も死去してしまう。月岑はまだ十五歳。父のあとを継いで、町名主の職を果たすのに懸命で『江戸名所図会』には思いがおよばなかった。

やがて町名主の職にも慣れ、気持ちのうえでも余裕が出てくる。そうなると、月岑はなんとかして『江戸名所図会』を完成させ、出版したい、という思いが強くなった。

そこで月岑は、祖父と父の遺志を継ぎ、編集作業を再開。こうして、ようやく天保五年（一八三四）に三巻十冊、天保七年に四巻十冊の出版にこぎつけたのである。絵の不足するところは、長谷川雪旦の息子雪堤《せってい》が描いた。取り上げた名所旧跡は千四十三件、そのうち七百五十四件に絵が添えられた。

この『江戸名所図会』は祖父以来、親子三代が四十数年をかけて成し遂げた大事業だった。

戯作者《げさくしゃ》の滝沢馬琴が「地方の人で江戸にくることができず、江戸が見られない人には最高の本だ」とほめ、みずから『江戸名所図会』を買い入れ、地方の知人に贈ったというから、評判は上々だった。

その後、月岑は天保九年（一八三八）には『東都歳事記』を、嘉永《かえい》三年（一八五〇）には『武江年表』を出版している。『東都歳事記』は江戸市中の年中行事を紹介した本で、『武江年表』は江戸で起こった諸事を歳月の順序にしたがって記した年表である。

月岑は『月岑日記』を残しているが、天保九年二月九日の項に、

「天気がよい。名所図会、歳事記が完成したので、絵師の長谷川雪旦父子、版元の須《す》原屋《はらや》を招き、百花園の仕出しで祝った」

と記してある。月岑も祖父の夢が実現し、自分の著書もできあがって、喜びもひとしおだったにちがいない。月岑は明治十一年（一八七八）、七十五歳で生涯を終えた。

散歩で見聞を広める――勝海舟《かつかいしゅう》

現代のわたしたちは、気晴らしや健康のためにぶらぶら歩くことを散歩といい、これを奨励する人も多い。しかし、江戸時代にはそうした散歩という考え方はなかった。諸所をめぐることは「遊歴《ゆうれき》」だし、気晴らしに外出するのを「遊山《ゆさん》」と称した。とはいえ、幕末には外国人もふえ、西欧的な散歩という習慣も日本人の目にふれるようになる。勝海舟は、そうした散歩を早くに実行した日本人の一人だった。

勝海舟は文政六年（一八二三）、江戸本所亀沢町《ほんじょかめざわちょう》（墨田区亀沢）で生まれた。父は小吉といい、四十一石取りの貧乏旗本である。それにもかかわらず、酒飲みで、夜な夜

な吉原をぶらぶら歩いたという。

海舟は若いころから、剣と蘭学に励んだ。必要な『蘭和辞典』を欲しいと思ったが、六十両という高価なものだったから手が出ない。一両十万円で単純換算すると六百万円。海舟はそれを借り、一年かけて二部を筆写し、一部を売って借用代を払った。

安政二年（一八五五）十月、長崎に幕府の海軍伝習所が設立されると、海舟はその伝習所に留学した。三十三歳のときである。海舟は造船術や航海術を学んだ。長崎に滞在中、海舟はオランダ人教師がよく町なかを、ぶらぶら歩いているのを目にした。

日本人には、このように歩く人はいない。海舟は不審に思い、オランダ人教師に「なぜ格別の用事もないのに、あのように歩くのですか」と、聞いてみた。

オランダ人教師は「あれは散歩といって、ヨーロッパではむかしから行なわれている」といい、こう話した。

「散歩によって見聞が広まるし、見聞したことは、必ずいつかは役に立つものだ。兵学を学ぶ者はむろんだが、政治家にとっても散歩は大切なことなのだ」

海舟は「なるほど」と納得し、ひまな時間を見つけては、長崎の町をぶらぶら歩いた。彼は三年四か月を長崎ですごしたが、その間、ぶらぶら歩きをつづけたおかげで、長崎の町に精通するようになった。ステッキの頭に磁石盤をつけ、ときにはそれを手にして、方角をたしかめながら見知らぬ道筋を歩いた、ともいわれる。

海舟が江戸に帰ってきた安政六年（一八五九）には、大老井伊直弼《いいなおすけ》が反対派を弾圧した安政の大獄が吹き荒れ、その一方では開港準備が進められるなど、激動していた。そうしたなかで海舟は、江戸でも長崎と同じようにぶらぶら歩きをつづけた。日本橋界隈《かいわい》をはじめ、下谷《したや》（台東区）、本所（墨田区）、深川（江東区）などにも足をのばしたが、不審を抱かれたことも少なくなかった。要するに、変な男と見られていたわけだ。

しかし、海舟の散歩は、気晴らしのためでも、健康のためでもなかった。要は、世の動きを知るためで、海舟は歩きながらその土地の人びとと挨拶《あいさつ》をかわし、話をした。海舟はぶらぶら歩きながら、激動期に生きる庶民の本心を知ろうとしていたのである。

星に魅せられた市井学者

碁打ちから天文学者へ——渋川春海《しぶかわはるみ》

夜空にまたたく星はロマンを感じさせるが、江戸時代にも星好きがいた。星や月への好奇心が高じて、みずから観測器具をつくり、天体観測を行なった渋川春海もその一人である。だが、世間の人びとからは、変人としか見られなかった。

春海は寛永十六年（一六三九）、京都四条室町で生まれた。父は安井算哲《やすいさんてつ》といい、碁打ちによって扶持《ふち》をもらい、幕府に仕えていた。天文とはまるでかかわりがない。しかし、幼いころから太陽や月、星などを眺めるのが好きで、七、八歳のころからは日の出や日の入り、月の満ち欠け、昼夜の長さや四季の変化などに興味を抱いた。天体観測をしたいと思っても、天体望遠鏡がないから工夫するしかなかった。

春海は「北極星は不動」と教えられていたが、それに疑いを抱き、自分でたしかめてみようとした。十二、三歳のころのことだが、庭の竹と竹のあいだから北極星を観測し、少しずつ移動していることを知ったのである。父に報告すると、父はおどろき、「古人の安倍晴明《あべのせいめい》は星の化身だといわれた。おまえはまだ若いのに、すでに古人の説を否定する事実を見つけた。お前は北極星の化身かもしれぬ」といったという。

こうして星の観察に熱中していたが、十四歳のとき、父が死去したため、二代目安井算哲を名乗ってあとを継いだ。碁打ちによって幕府に仕えるといっても、いつもは京都にいて、江戸へ出て碁を打つのは毎年秋冬である。

春海は向学心が旺盛《おうせい》で、父の死後、神道《しんとう》や朱子学、天文暦学などを学んだ。万治《まんじ》二年（一六五九）、二十一歳のときから諸国を歩き、時刻の差や気候の変化を調べている。

寛文十年（一六七〇）には「天象列次之図《てんしょうれつじのず》」と題する天文図を刊行したが、これは中央に北極星が描かれ、北斗七星や天の川など、星座を表したものだ。

さらにこの年、春海は渾天儀《こんてんぎ》を製作している。渾天儀は天体の位置を観測するための器具で、もともと古代中国で発明されたものだった。構造は単純で、天球の経度、緯度を表す目盛をつけた円環があり、そのなかに回転できる四遊環という環《わ》があるわけだ。この四遊環をまわし、照準を星にあわせて、外の環の目盛を読む。こうして目的の星の位置を知ることができた。

そうした一方、春海は暦の研究もつづけた。わが国の暦は貞観《じょうがん》四年（八六二）以来、中国の「宣明暦《せんみようれき》」を用いてきたが、江戸前期も後半になると二日以上の誤差が生じ、幕府と朝廷は「改暦しなければならない」と、痛感するようになった。

当時、暦をつくる権限は朝廷が握っていたから、春海は長年の天体観測と暦の研究をもとに、みずから計算して新暦をつくり、天和《てんな》三年（一六八三）十一月、朝廷に提出したのである。ところが、朝廷は貞享《じようきよう》元年（一六八四）四月、明《みん》の「大統暦《だいとうれき》」を採用した。これを知った五代将軍綱吉《つなよし》は朝廷に働きかけ、大統暦と春海の新暦との優劣をくらべ、実証することにした。

京都の梅小路《うめこうじ》（京都市下京区）で、朝廷の陰陽頭《おんみようのかみ》土御門泰福《つちみかどやすとみ》と春海が渾天儀を使い、実際に計測した結果、新暦の正確さが実証された。このため、十月二十九日、新暦は「貞享暦《じようきようれき》」と名づけられ、採用が決まった。これは日本人の手になる初の暦だが、春海はその偉業を四十六歳でなしとげたのである。

そうした成果を評価した幕府は十二月一日、天文方を新設し、渋川春海を任命、百俵をあたえた。碁打ちのかたわら、天文観測や暦の研究に打ち込んできた春海は、ついに幕府の天文研究員第一号となった。

春海は貞享三年（一六八六）九月、京都から江戸に移り、麻布《あざぶ》（港区）に住み、天文観測をつづけた。元禄《げんろく》二年（一六八九）には本所《ほんじよ》二つ目（本所相生町《あいおい》三～五丁目。墨田区両国二〜四丁目）に移転し、敷地内に江戸ではじめての天文台をつくっている。さらに多くの門弟を育て、正徳《しようとく》五年（一七一五）、七十七歳で没した。

地動説を唱えた町の天文学者──麻田剛立《あさだごうりゆう》

「太陽や月、星は空をめぐるが、人の住む大地は不動である」

江戸時代の人びとは、そうした天動説を信じていた。ところが、明和六年（一七六九）、天文好きの町医者麻田剛立は「大地もめぐっている」と地動説を発表し、世の人びとを驚愕《きようがく》させた。

剛立の地動説はなかなか受け入れられず、むしろ「大地がめぐっているなんて世間を惑わす妄言だ」と非難された。

麻田剛立は本名を綾部《あやべ》妥彰《やすあき》といい、享保十九年（一七三四）、豊後《ぶんご》杵築《きつき》藩（大分県杵築市）の儒者綾部絅斎《けいさい》の四男として生まれた。幼いころから空を仰ぎ、月や星を見るのが好きで、星の動きを観測して楽しんだというから、ほかの子どもとはちがっていた。

剛立も大人から「北極星は動かず、いつも同じ位置にある」と聞かされ、本当かどうかたしかめようとした。北側の寺の屋根が見え、そのうえに北極星が姿を現す。日暮れから夜明けまで毎日、北の空に輝く北極星を観察し、

「北極星が動かないなんて嘘《うそ》だ。一晩に寺の屋根瓦《がわら》一枚分が動いた」

といって、父を困らせた。父としてみれば、自分と同じように儒学の道を歩んでほしい、と思っていたのである。

やがて剛立は、中国から輸入された西洋暦学の書物を学び、みずから観測器具をつくって天文観測をつづけた。あまりの熱心さに、父もやむなく、医学を学ぶことを条件に、天文学の研究を認めた。

剛立は中国の医学を学び、宝暦六年（一七五六）、二十三歳のとき、父の推挙で杵築藩の藩医となる。このため、天文研究に打ち込む時間が少なくなったが、剛立としては、なんとしても天文研究はつづけたい。そこでついに安永元年（一七七二）に脱藩して大坂に移り住み、名を麻田剛立と変えたのである。大坂では町医者を開業し、そのかたわら天文観測を行ない、そのための器具もつくった。本当なら天文研究一筋に打ち込みたかったが、町医者をしなければ暮らしていけない。

それほど天文学に情熱を燃やしていたのだ。しかし、父の絅斎は息子が脱藩したことのとばっちりを受ける。なにしろ脱藩は、主君にたいする公然たる反逆行為だから、

絅斎はその責任をとらされ、蟄居《ちっきょ》閉門となった。だが、剛立はひたすら天文学に打ち込んだ。暮らしも楽ではなかったが、やがて援助してくれる篤志家《とくしか》も出てくる。こうして天文学や暦学の研究をつづけた結果、宝暦十二年（一七六二）には、暦に記されていないのに、

「明年の九月一日に日蝕《にっしょく》がある」

と予言したのである。知人や友人たちは、剛立があまりにもきっぱりと断言するものだから、「もしまちがっていたら危ないことになる」と心配した。

やがて宝暦十三年九月一日辰《たつ》の刻（午前八時）、太陽は欠けはじめ、しだいに薄暗くなり、巳《み》の刻（午前十時）にはもとに戻った。剛立の予言は的中したわけである。剛立の門弟から山片蟠桃《やまがたばんとう》（両替商）、間重富《はざましげとみ》（質商）、高橋至時《よしとき》（同心）らの天文学者が出た。しかし、晩年の剛立は長年の天文観測で目を痛め、右は失明していたし、左はぼんやりとしか見えなかったという。寛政十一年（一七九九）、六十六歳で没した。

天文好きの大商人――間重富《はざましげとみ》

質商を営みながら天文観測に明け暮れた間重富も、世間の人びとから変人扱いされた一人である。

重富は宝暦六年（一七五六）、大坂の「十一屋」という質商の子として生まれた。土蔵が十一もあるという大店《おおだな》だが、重富の代になって土蔵が十五に増えたというから、商才にも恵まれていた。

そうした一方、重富は幼いころから天体のさまざまな現象を見るのが好きだった。好奇心が旺盛で、十二歳のとき、はじめて地球儀を見ると、そっくり真似《まね》てつくったという。もっとも当時の地球儀は、竹で球型の芯《しん》をつくり、そのうえに紙を貼《は》っただけのものだった。

やがて十七、八歳のころ、麻田剛立の弟子だった坂正永について数学を学びはじめる。さらに麻田剛立の弟子となり、天文学の研究に進んだ。数学が得意だったから、測定記録を整理し、それをもとに法則を出す方程式を解いていった。いまのようにコンピューターはないから、すべて手作業で行なわなければならない。計算には算木《さんぎ》を使ったが、これは長さ一寸(約三センチ)ほどの角棒で、盤上に並べて数を表し、配列を動かして計算をする。重富は律儀《りちぎ》な男で、この算木を十畳の座敷いっぱいに並べ、汗だくになりながら懸命に計算したという。

また、重富は最新の西洋暦学を伝える『暦象考成《れきしょうこうせい》後編』を入手した。これには「惑星は太陽を中心に楕円《だえん》運動をする」など、ケプラーの理論が紹介されていたが、重富は師の剛立、同じ門弟の高橋至時らと共同研究をし、大きな成果をあげた。このような高価な本を入手することができたのも、重富が財産家だったからだ。

天文学にとって、もっとも重要なことは天体観測だが、そのためには観測器具が必要となる。重富はそのことを熟知していたから、大金を投じ、精密な観測器具をつくらせた。

当時、京都に戸田忠行という職人がいたが、重富はオランダ製の望遠鏡を取り寄せると、構造を詳細に調べ、工夫を加えて忠行につくらせた。

たとえば、遠鏡子午規《えんきょうしごき》をつくらせたが、これは子午線を測定する器具に望遠鏡を組み合わせた独特のものだった。地図をつくるために全国を歩いた伊能忠敬《いのうただたか》が用いた測量器具も、重富が考案し、設計したものが多かったという。重富は勤勉な努力家のうえに、すこぶる好奇心が強かった。

その後、剛立の推挙で、重富は至時とともに江戸へ赴き、幕府の改暦作業に従事する。寛政七年（一七九五）、至時は三十二歳で幕府の天文方に任命されたものの、重富は商人だったため、天文方にはなれなかった。しかし、重富は至時に協力し、寛政九年（一七九七）十月には新暦が完成、「寛政暦」と名づけられて、翌年から使用されたのである。

文化十三年（一八一六）、重富は六十一歳で没したが、子の重新《じゅうしん》がそのあとを継ぎ、天文観測をつづけた。それほど、宇宙の神秘は魅力的だし、そこに好奇心がかきたてられたにちがいない。

遊興に生きた男たち

六十八万石を捨てた乱行——松平忠直《ただなお》

文禄四年（一五九五）、徳川家康の孫として生まれ、越前北庄《きたのしょう》藩（福井市）六十八万石の藩主となったにもかかわらず、松平忠直は酒色に溺《おぼ》れ、罪なき近臣を刺殺するなどの奇行をくりかえした。その結果、ついに元和《げんな》九年（一六二三）二月、二十九歳の若さで、豊後《ぶんご》萩原《はぎわら》（大分市）に配流《はいる》されたのである。

忠直の父は結城《ゆうき》秀康《ひでやす》（家康の次男）だが、秀康の没後、忠直は十三歳であとを継ぎ、その四年後には二代将軍秀忠の三女勝姫を正室として迎えた。忠直十七歳、勝姫十一歳のときのことだ。

その後、大坂夏の陣では天王寺方面で真田《さなだ》幸村《ゆきむら》の軍勢と戦うなど、数多くの戦功をあげた。ところが、それにしては恩賞が少ない。このため、忠直は不満を抱き、元和二年（一六一六）四月、家康の死をきっかけに乱行がはじまった。その年の夏、忠直が天守閣で涼をとっているとき、ふいに風に吹き飛ばされて、一枚の美女の絵が舞い込んできた。忠直はその美貌に心を奪われ、絵の美女を探し出すよう命じたのである。

家臣たちは領内はもとより、手を尽くして他領をも探した。こうして、ようやく美《み》濃《の》関ヶ原（岐阜県不破《ふわ》郡関ヶ原町）で、よく似た美女を見つけ出した。

忠直はこの美女を一国《いっこく》と名づけ、寵愛した。一国にも替えがたい、という意味である。ところが、彼女はなぜか笑顔を見せることがなかった。忠直としてみれば、なんとしても一国の笑顔が見たい。

あるとき、彼女が「人が殺されるのを見たい」といったのを聞きつけると、死罪の囚人を一国の前に引き出し、首を刎《は》ねさせたのである。それを見た一国は恐ろしがるどころか、平然として微笑を浮かべた。

忠直は満足した。その後も一国の笑顔を見たいばかりに、なんの罪もない近臣をはじめ、百姓や町人など手当たりしだいに拉致《らち》し、なぶり殺してみせた。たとえば、妊婦を大臼《おおうす》に入れ、大男に杵《きね》をふりおろさせる。妊婦の腹が裂け、胎児が血しぶきとともに飛び出す。残酷きわまる光景だが、一国は手を叩《たた》いて喜んだという。

さらに忠直は、評判の美女だった重臣永見《ながみ》右衛門の妻に横恋慕し、側室にしようとした。永見の妻はそれを嫌がり、剃髪《ていはつ》して仏門に入ったところ、忠直は激怒して永見の屋敷を包囲、火を放って永見一族をみな殺しにしてしまった。

こうした悪行は、やがて幕府にも聞こえてきたし、諸大名のあいだでも噂《うわさ》になるほどだった。さすが温厚な将軍秀忠もだまっていられない。老中酒井忠世、土井利勝から警告させたのだが、忠直には反省の色がなく、むしろ平然と幕府法度《はっと》を破りつづけた。

当時、参勤の旅に出たからには、理由なく帰国するのは固く禁じられていた。ところが、忠直は元和四年（一六一八）参勤の旅についたのに途中、突如として今庄《いまじょう》（福井県南条郡今庄町）から引き返してしまったのである。その後、病のためと称し、数年間も出府を怠った。

こうなると、秀忠としてもきびしく処断せざるをえない。元和九年（一六二三）二月、改易のうえ流刑と命じた。忠直は二十九歳。のちに剃髪して、一伯《いっぱく》と号した。配流先の豊後では、慶安三年（一六五〇）五十六歳で没するまでおだやかな生涯をすごした、と伝えられる。

忠直は乱行ゆえに、六十八万石を捨てる結果となったが、彼の乱行は愚かさのせいか、不満がつみかさなって爆発したのか、よくわからない。いずれにせよ、類《たぐい》まれな奇人だった。

遊女と心中した旗本――藤枝外記《ふじえだげき》

高禄の旗本でありながら、吉原の遊女と心中してしまった男がいる。藤枝外記という、四千五百石取りだが、江戸城中では大名並みの処遇を受けていた。心中したのは、天明五年（一七八五）八月十四日だが、世間の人びとには奇異に映った。

外記には、みつという美しい妻がいる。庶民には武家の暮らしなどうかがいようもないが、少なくとも恵まれた暮らしをし、幸せそうに思えた。なんの不満もないはずだ。それなのに、なぜ遊女と心中しなければならないのか、さっぱりわからない。だから世間の人びとは、外記を奇人扱いしたのである。

人生の曲り角は、ひょんなところからやってくる。二年前の七月十二日夜、外記は朋輩に誘われて、吉原の草市に出かけた。草市とは、盂蘭盆会《うらぼんえ》に供える草花やさまざまな飾り物などを売る市で、大勢の人びとで賑《にぎ》わう。外記はその雑踏のなかで遊女の綾衣《あやぎぬ》を見て、心をときめかせた。

外記は二十六歳、綾衣は十七歳である。外記は綾衣のもとに、足しげく通いつづけた。遊女の艶《つや》めいている立居振舞いに新鮮な魅力を覚え、綾衣にのめり込んでいく。

仮病を使い、出仕を休んでまで吉原へ出かけた。

廓《くるわ》遊びには莫大《ばくだい》なお金がかかる。外記は四千五百石取りとはいえ、それほど余裕があるわけでもないから、たちまち金に困るようになり、友人や知人、親戚《しんせき》など片っ端から借金し、果ては家財道具や刀まで売り払った。

親戚の者たちは、心配して外記を諭したが、どこ吹く風とばかりに遊び惚《ほう》けた。しかし、親戚の心配が的中する。外記の廓遊びが幕府に知れ渡り、ついに不行跡を理由に甲府勤番を命じられたのだ。これは左遷《させん》というより、軽い配流のようなものだった。

甲府へいってしまえば、もう綾衣と逢《あ》うこともできない。とはいえ、このまま江戸にいたところで、金に不自由している外記には、綾衣を身請けするのは無理なことだった。外記は悲観のあまり、家庭を捨て、家門も捨てて、「いっそ、あの世で……」と、綾衣との死の道行を考えたのである。外記はさっそく実行に移した。

八月十四日の早朝、外記は綾衣を吉原から連れ出し、江戸郊外の千束村《せんぞく》（東京都台東区千束）へ逃れていく。ある農家の物置小屋を見つけると、そこに入って筵《むしろ》をひろげ、最後の契《ちぎ》りを結んだ。やがて外記は小刀で綾衣を突き、ついでおのれの喉《のど》をかき切ったのである。

まもなく、起き出した農家の女房が、物置小屋にやってくる。二人の遺体を見つけて悲鳴をあげると、家中が大騒ぎになった。

事件を知った藤枝家では、祖母と妻みつが処罰を恐れ、家来の辻団右衛門《つじだんえもん》を身代わりに仕立てて届け出た。だが、それは幕府に見破られてしまった。

幕閣は、大身《たいしん》の旗本と遊女の心中という異常な事件に衝撃をうけ、その処理に困惑した。心中は社会批判になりかねないとの判断から、幕府は心中者にきびしくのぞんでいたものの、当事者が大身の旗本だったため、処罰について紛糾したのである。

しかし、十月二十九日、藤枝家は改易となった。将軍直参の旗本が軽蔑《けいべつ》すべき破廉《はれん》恥《ち》行為をした、というのが理由だった。祖母と妻みつは親戚に預けられ、押込《おしこめ》の処分をうけた。

巷《ちまた》では大きな話題となり、「君と寝ようか五千石取ろか、なんの五千石、君と寝よ」という小唄《こうた》が流行した。四千五百石の高禄を捨て、遊女との愛をつらぬいた心意地を賛美する反面、遊女におぼれて旗本の地位を捨てた男の愚かさへの嘲笑《ちようしよう》。それがないまぜになっているようだった。

札差《ふださし》を廃業した通人――大口屋治兵衛《おおぐちやじへえ》

札差は江戸の特殊な金融業者で、莫大な利益を得ていた。しかし、社会的には士農工商の下位でしかない。このため、豪華な暮らしを競い、粋《いき》な通人ぶりを発揮して、社会的にも優位に立とうとする者が出てきた。こうした大通人たちは「江戸十八大通《じゅうはちだいつう》」と呼ばれたが、その筆頭は大口屋治兵衛だった。

旗本や御家人は、俸禄《ほうろく》として浅草の幕府米蔵から米をもらうが、札差はその代理として俸禄米を受け取り、米商人への売却も代行した。しかし、諸物価が高騰《こうとう》するのに、俸禄が一定していて昇給のない武士の暮らしは、年を経るごとに苦しくなっていく。

武士たちはやむなく、一年後、あるいは数年後に支給されるはずの俸禄米を担保に、札差から金を借りるようになった。この利息が高く、ばかにならない。こうして札差は、ますます豊かになっていった。

治兵衛は浅草御蔵前片町《おくらまえかたまち》(台東区蔵前一～二丁目)に住んでいたが、店は番頭にまかせ、金に糸目をつけずに遊んだ。吉原へは、ほとんど毎晩のように出かけた。治兵衛が大門をくぐると、

「ようこそ、福の神の御出《おいで》」

などと嬌声《きょうせい》が飛び交ったというから、湯水のように金を使い、派手に遊んだのだろう。

治兵衛は金にあかせて、衣裳《いしょう》や持ち物にも凝った。たとえば、鮮やかな緋《ひ》の博多帯《はかたおび》を締め、それに印籠《いんろう》と鮫鞘《さめざや》の刀を差し、そのうえに黒羽二重に白で紋を染め抜いた長半天を着る。下駄《げた》は桐《きり》。粋を誇る通人だけに、見た目は地味だが、見えないところに贅《ぜい》を尽くした。これは「蔵前風」とも称された。

歌舞伎《かぶき》『助六由縁江戸桜《すけろくゆかりのえどざくら》』では、二代目市川団十郎が吉原へ通う治兵衛をモデルに、その主役を演じたといわれる。

治兵衛が博打《ばくち》に使う金も尋常ではない。ある日、またたくまに四百両という大金をすったが、それでも顔色を変えず、「あした、また出直してくるよ」といいながら帰っていった。一両十万円として単純換算すると、四千万円である。

治兵衛はその言葉通り、翌日も賭場《とば》へ顔を出す。しかも、一度の丁半博打に千二百両の大金と、店の権利書を賭《か》けたのだ。おどろいたのは胴元である。結局、勝負は治兵衛の負けで終わったが、彼は平然とそれを渡し、店に帰ってきた。

しかし、権利書がなければ、札差の営業はつづけられない。大口屋の番頭は急いで使いを出し、店の権利書を五百両で買い戻したのである。治兵衛は千七百両も負けたことになるが、いまのお金で一億七千万円。これをたった一度の博打ですってしまうのだから、はんぱな遊びではない。

旗本や御家人たちは札差から借金を重ね、借金地獄に落ちているというのに、治兵衛はばかげた金の使い方をして遊びつづけた。吉原での大尽遊びといえば、紀伊国屋《きのくにや》文左衛門《ぶんざえもん》が有名だが、彼の場合は遊びといっても、幕府重役を接待したり、豪商ぶりを演出して商いに利用するためだった。

ところが、治兵衛はただ遊ぶために、遊びに熱中した。やがて、遊ぶことがむなしくなったのか、明和四年（一七六七）、突如として札差を廃業し、その営業権を伊勢屋《いせや》太兵衛に譲り渡したのである。その後、治兵衛がどうなったのかはわからない。

遊蕩《ゆうとう》・破産の国学者——村田春海《はるみ》

江戸小舟町《こぶなちょう》（中央区日本橋小舟町）の干鰯《ほしか》問屋の子に生まれながら、国学者、歌人として大成した村田春海は、たいそう遊び好きで、通人、洒落者《しゃれもの》としても知られていた。豪遊を重ねて店をつぶしたのだから、風変わりな人物である。

小舟町の小舟河岸《かし》は荷揚場として栄え、船積問屋をはじめ、鰹節《かつおぶし》や塩干魚の問屋が多く、鰹河岸ともよばれていた。

村田春海は本名を治兵衛といい、延享《えんきょう》三年（一七四六）、その一角で生まれた。文学好きというのか、早くから賀茂真淵《かものまぶち》の門に入り、古典や和歌を学んだ。さらに儒学者の皆川淇園《みながわきえん》にも学ぶなど、向学心が旺盛《おうせい》だった。

当代一流の学者と交流していたわけだが、むろん春海にもそれだけの才があった。やがてその才が認められて、幕府の連歌師阪昌周《ばんしょうしゅう》の養子となったが、実家の兄が急死したため、村田姓に復して家業の干鰯問屋を継いだ。

干鰯というのは、脂《あぶら》をしぼった鰯《いわし》を乾《ほ》したもので、乾燥肥料として農家に重宝されていた。それだけに、干鰯の売買は利益が大きい。そのうえ、両替商も営むなど、村田家は大商人だった。

春海は家業を継ぐと、財力にものをいわせ、吉原へ通って豪遊をくりかえした。江戸十八大通の一人にかぞえられたが、大通とは遊興の道に通じていることで、大通人、粋人のことである。十八といっても、正確に十八人ということではなく、十八羅漢などにちなんで称されたという。

ついには、吉原江戸町二丁目にある丁字屋の遊女明山《あきやま》を身請けし、妻に迎えたほどだが、やがて遊蕩の果てに、村田家は破産してしまう。そのため、

「干鰯問屋の株を人手に渡し、蔵宿（倉庫業）もやめ、両替の家屋敷まで他人に売るような者が、どうして大通といえるのか」

などと陰口をたたかれる始末だった。

ところが、春海は落ち込むどころか、逆に国学者、歌人として道をきわめようと、学問に励んだ。当初は師匠をし、なんとか暮らしていたが、やがて老中松平定信に召し抱えられ、しだいに認められていく。

春海は、加藤千蔭《ちかげ》とともに、江戸派の双璧《そうへき》と称された。江戸派というのは賀茂真淵の死後、万葉調に固執する門人たちにたいして、歌はみやびでなければならないと考え、『古今和歌集』などの美を重視する門人たちがいた。これが江戸派と称された。

「入日さす遠山もとの里みえて　かすみを漏るる夕烟《ゆうけむ》りかな」

春海の作だが、このように春海は優美な古今調の歌を詠《よ》んだ。自然の観照、自己の感情の表現こそ歌の道であると説き、多くの門人を育てた。

こうしてみると、春海は固い人物のように思えるが、先に述べたように遊びすぎて、大店《おおだな》をつぶしたほどの人物である。なにごとにも徹する、というところがあったのだろうか。春海は、文化八年（一八一一）二月十三日、六十六歳で死去した。

一流文人と豪遊した幕臣——土山孝之《つちやまたかゆき》

七十俵五人扶持《ぶち》の幕臣だが、文人との交遊を好み、大田南畝《なんぽ》や朱楽菅江《あけらかんこう》、平秩東作《へずつとうさく》といった当代一流の文人たちを引き連れ、遊びつづけた男がいた。彼も奇人の一人といってよい。

男の名は土山孝之。牛込御細工町《うしごめおさいくまち》（新宿区細工町）に住み、勘定組頭をつとめていた。派手な遊びをはじめたのは、天明二年（一七八二）、孝之が四十三歳のころである。

大田南畝は狂歌師、戯作者《げさくしゃ》として知られているが、本名を大田直次郎といい、同じ幕臣だった。屋敷は牛込仲御徒町《なかおかちまち》（新宿区中町）にあり、土山の屋敷に近い。狂歌師の朱楽菅江も先手《さきて》組《ぐみ》与力をつとめる幕臣で、本名は山崎景貫。牛込二十騎町（新宿区二十騎町）に住んでいるから、それほど遠くはなかった。

孝之はそのほか、多くの文人と交流していたが、その遊びぶりはこんなふうだった。天明二年正月三日、孝之は南畝とともに外出しようとしたが、あいにくの雨となったため、自分の屋敷に五十人もの友人、知人を呼んで酒宴を開き、宝引《ほうびき》などをして楽しんだ。

宝引というのは福引の一種で、幾本もの細紐《ほそひも》の先にさまざまな品物やお金を結びつけ、一つに束ねておく。そのなかから一本の紐を引かせ、先についているものをあたえる、というものだった。このように正月の余興として室内で行なうほか、香具師《やし》たちが商売として、路上で一本十文で引かせた。

孝之には妻のほか、流霞《りゅうか》という吉原から身請けした愛妾《あいしょう》がいた。孝之は料理茶屋などで宴会を催すときには、決まって彼女を同席させるほどだった。たとえば、天明二年一月十二日、孝之は洲崎《すざき》（江東区）の一流料理茶屋「望汰欄《ぼうだら》」で宴会を開いたが、彼は流霞とともに駕籠《かご》で出かけている。この日も多くの文人を招いており、南畝や菅江たちは牛込見附から船で向かった。

さらに孝之は、屋敷で曲水宴を催したり、吉原の花見に出かけるなど、遊興をつづけていた。わずか七十俵五人扶持にすぎない身分にしては、遊びが派手である。一俵は三斗五升だから、七十俵は二十四石五斗。一人扶持というのは一人の男子が一日に食べる量の米で、五合と決まっていた。一年三百六十五日では、一石八斗二升五合である。孝之の場合、五人扶持だからその五倍、九石一斗二升五合となる。合計して約三十三石六斗。一石一両として、孝之の年収は三十三両二分（四分で一両）だ。一両十万円として単純換算すれば、三百三十五万円くらいである。これでは派手な遊びなど、できるわけはない。

孝之の上司は勘定奉行の松本秀持で、秀持は老中田沼意次《おきつぐ》に目をかけられていた。孝之は秀持の手先となって働いていたから、俸禄以外の金をたっぷり受け取っていたのだろう。あるいは、賄賂《わいろ》のおこぼれにあずかっていた可能性もある。それがあったからこそ、孝之は多くの文人たちを引きつれて遊ぶことができたのだ。

ところが、天明六年（一七八六）、田沼意次が失脚し、老中を解任される。同じように松本秀持も職を追われ、その影響が孝之にもおよぶ。翌年、秀持とのかかわりから、孝之にも取調べの手がのびてくる。

それを察知した孝之は逃亡したものの、まもなく捕らえられ、この年、四十八歳で処刑された。

その罪状は「行状がよくない」など、いくつも列挙してあった。遊女を妾《めかけ》としたこと、勘定組頭として買米にたずさわり、五百両の公金を使い込んだ、などである。買米とは、幕府が米価引き上げのために、商人に命じて米を買い入れさせることだ。

五百両の使い込みとは、尋常ではない。一両十万円として単純換算すると、五千万円という大金である。もし、これが事実なら多くの文人を招き、派手な宴会を催すことも造作なかったろう。自分の屋敷を「酔月楼」と称し、沽之《こし》と号した孝之は、一流の文人と豪遊することで、みずからも文人であると思い込もうとしたのかもしれない。

狂歌に熱中した吉原の楼主――加保茶元成《かぼちゃのもとなり》

狂歌は、滑稽《こっけい》な和歌で江戸中期に流行し、とくに天明年間（一七八一～八八）、頂点に達した。それまでは、狂歌の作者といえば武士や教養ある町人に限られていたが、天明のころには歌舞伎役者や絵師、遊女など、さまざまな層の人びとに広がり、狂歌集も盛んに出版された。

加保茶元成も狂歌にのめり込んだ一人で、本業は吉原大文字屋の楼主である。楼主というのは遊女屋の主人だが、自分の遊女屋内では専制君主のように振舞い、権勢をほしいままにする人が多い。しかし、元成は狂歌を詠み、多くの文人と交流していたのだから、遊女たちには温情をもって接していたにちがいない。

名を市兵衛といい、加保茶元成は狂歌の号である。この号でわかるように、彼にも滑稽を重んじる精神が満ちあふれていたのだろう。

元成の生年は不詳だが、村田文楼の養子となり、大文字屋を継いだ。文楼には子がなかったから姪《めい》のまさを六歳のときから養女にして育て、長じて元成を婿《むこ》に迎えた、というわけである。元成の妻となったまさも狂歌好きで、木綿子という狂名をもち、夫婦そろって狂歌に熱中した。

元成はもともと、そうした才能があったようだ。姫路藩主酒井忠以《ただざね》の弟で、画家の酒井抱一《ほういつ》はよく吉原に通い、遊女にも絵を教えたほどの粋人だが、大文字屋の遊女誰袖《たがそで》に惚《ほ》れ、身請けして妻に迎えた。

元成も抱一に絵を習い、光琳《こうりん》風の絵を巧みに描いた。さらに、宗園の俳号をもち、茶道にも通じているという趣味人だったのである。

天明期には、元成が中心となり、狂歌好きの楼主たちが集まって「吉原連」という一派をつくった。元成は指導者として文人たちと交流したり、遊廓《ゆうかく》内でしばしば狂歌の会を催したりしていたのである。大田南畝もよくその狂歌会に招かれ、それが縁で松葉屋の遊女三穂崎を妾《めかけ》とした。

大坂の俳人大伴大江丸《おおともおおえまる》とも交流があった。大江丸の本名は安井政胤《まさたね》といい、大きな飛脚問屋の主人である。彼もまた、仕事のかたわら俳諧《はいかい》や狂歌などに打ち込む趣味人だった。

大江丸は七十歳で隠居したあと、寛政十二年（一八〇〇）、七十九歳のとき、江戸へやってきた。むろん、仕事が仕事だから江戸とのあいだは七十数回も往復している。久しぶりに浅草寺《せんそうじ》へ出かけたところ、堂に揚げられている絵馬を見ておどろいた。

吉原の遊女ひともとが奉納したものだったが、見事な歌と筆づかいに心を打たれ、彼女に会いたくなった。さっそく吉原へ出かけていく。ひともとは、大文字屋市兵衛（加保茶元成）に抱えられている遊女である。

大江丸は狂歌を通じて、元成とは知己だった。元成は話を聞いておどろいたが、大江丸を客人として自分の居室に通し、そこで遊女ひともとと面会させた。

元成には、こうしたやさしいところもあった。多くの遊女を抱え、彼女たちに稼がせながら、その一方で狂歌を詠み、文人や絵師たちと遊興にふけった元成は、やはり奇人だったといってよい。妻のまさは文政九年（一八二六）に死去し、元成はその二年後に没した。

不思議な舌の達人――北村幽庵《きたむらゆうあん》

いつの時代でも物事に凝る人がいるものだが、江戸時代にもいろいろいた。北村幽庵もその一人で、彼は徹底して料理に凝りつづけた。

幽庵は慶安三年（一六五〇）、近江国堅田《かただ》（滋賀県大津市）の豪農の子として生まれたが、長じて茶道を学び、茶事を無上の楽しみとするようになった。蔵にはうなるほどの金があるのだから、暮らしの心配はまったくない。

さらに興味は築庭や料理に広がり、詳しい知識を身につけた。そればかりか、幽庵は不思議な舌をもっていて、微妙な味を感じわけることができた。

茶の湯に使う水は、人を遣《や》って琵琶湖《びわこ》から汲《く》ませたが、幽庵はひと口ふくんでみて、湖中のどこで汲んだ水か、いい当てた。一度も間違わなかったというから、鋭敏な感覚の舌である。

幽庵は物事に凝る性分だったらしい。よその家に招かれたときでも、出された膳《ぜん》の魚や鳥など、どこで捕れたかといい当て、外すことはなかった。

幽庵自身が客をもてなすときも同じだった。堅田名物は琵琶湖の源五郎鮒《げんごろうぶな》だが、あるとき、京都の茶道仲間を招待して、これを馳走《ちそう》しようと思った。漁師に頼んで捕ってもらった源五郎鮒は、大きな籠《かご》に数十尾もある。招かれた客たちは、それを見て「さすが堅田名物の鮒。見事ですな」と、喜んだ。

客間で待つうちに、やがて源五郎鮒の料理が出てくる。客たちはそれを見て、いぶかしがる。あれほど多くの新鮮な鮒があったのに、出されたのはほんの少量でしかない。客の一人が不満げにそのことを口にし、幽庵に理由をたずねた。

「真の源五郎鮒というのは、意外に少ないものなのですよ。数十尾のうち、一尾か二尾あればいいほうでしょうな。それで、このように……」

幽庵はそういって、平然としていた。徹底してこだわるという姿勢は、すべてにおよんだ。客をもてなすときには、材料選びはむろん、細かいところにも指図をし、決して粗略にはつくらせなかったという。

田楽《でんがく》の串《くし》にまでこだわりを見せた。友人の家で田楽豆腐を馳走になったとき、幽庵は竹の串が近江のものでないことに気づき、それとなくたずねた。案の定、友人が料理人にたしかめたところ、大坂の竹であることがわかった。友人たちがびっくりしたのは、いうまでもない。

舌ばかりか、田楽の串に使われた竹の産地にまで気がつくし、書画や骨董《こっとう》などの目もずば抜けていて、すぐに真贋《しんがん》を見分けることができた。そのため、茶の湯の仲間たちも真贋の判断がつかないときには、幽庵に鑑定を頼みにきたほどだった。

さらに幽庵はみずから指揮して、凝りに凝った庭をいくつも造った。のちの作庭家たちをうならせた庭ばかりだったという。

世間の目から見れば、幽庵は風変わりな凝り屋としか映らなかった。たしかに、さまざまなことにこだわり、凝り性ぶりを発揮したが、それだけ感性も豊かだった。しかも、決して私利私欲や栄華を望んだわけではなく、じつに淡々と生きつづけた。

晩年には自分の食い扶持《ぶち》だけを残し、田畑や財産を寄付したというから、私欲のない人だったことがわかる。享保《きょうほう》四年（一七一九）、七十歳で逝去《せいきょ》したが、村の人びとは彼の徳をたたえ、命日には仕事を休んで追善供養《くよう》したと伝えられる。幽庵は人徳もあった。

ものづくりに賭《か》ける情熱家

空を飛んだ表具師——浮田幸吉

アメリカのライト兄弟が初飛行したのは一九〇三年（明治三十六）だが、それより百年以上も前の江戸後期、空を飛んだ男がいた。「鳥人幸吉」と呼ばれる浮田幸吉である。「鳩《はと》のように空を飛びたい」と思いつづけ、ついに空を飛んだのだからすごい。

といって、彼は技術を駆使する職人の家に生まれたのではない。

宝暦七年（一七五七）、備前国児島《こじま》郡八浜《はちはま》（岡山県玉野市八浜町）で生まれたが、父親は清兵衛《せいべえ》といい、商人宿「桜屋」を営んでいた。

当時の八浜は瀬戸内航路の重要な港で、廻船問屋や商家が多く、たいそうな賑《にぎ》わいだった。生家が商人宿だったので、毎日のように飛び込んでくる新しい情報に耳をそばだてながら、好奇心まるだしで育った。だが、七歳のときに父親が死去し、一家はばらばらになった。

幸吉は親類の傘屋に引き取られた。もともと手先が器用で、すぐに傘づくりがうまくなる。しかし、幸吉はもっと広い町へ出て、なにか大きなことをやりたい、と思った。こうして十五歳になると、岡山へ出て母の実家だった「紙屋」に住み込み、やがて表具師になった。

幸吉は仕事が休みのとき、近くの寺へいって鳩を眺めた。表具師で大きな仕事ができるとは思えず、気分が晴れない。そのうちに、

「おれにも鳩のような翼があって、空を自在に飛ぶことができたらいいのに」と考えはじめた。

それからというもの、鳩が飛ぶのを観察する一方、鳩をつかまえては、鳩の翼の長さと体重との比率を計算し、自分が飛べる翼をつくろうと試みたのである。

一か月をかけて、太い竹ひごの骨組をつくって紙を張り、二枚の翼を完成させた。翼には両腕を通す輪をつけ、腕の力で翼を上下させながら飛ぶつもりだった。実際に、屋根のうえから飛んでみると、わずか十一、二間（約十九・八〜二十一・六メートル）ほど滑空しただけで、落下してしまった。幸吉は足をくじいたが、それでもあきらめず、改良をつづけた。

天明五年（一七八五）六月、二度目の試験飛行を行なった。場所は岡山城下を流れる旭川《あさひがわ》の京橋である。京橋界隈《かいわい》は、城下でもっとも賑やかな場所で、この季節、涼を求めて多くの人が河原を歩いていたし、そうした人びとを目当てに出る食べ物の屋台も多い。

幸吉は近くの路地で、持参した二枚の翼を組み立てる。まず、背に梯子《はしご》形の木組みを結びつけ、その両側にそれぞれ翼を取りつけ、後方に尾羽をつけた。翼につけた輪に両腕を通し、翼を固定させる。

こうして準備を終えると、幸吉は京橋の欄干のうえに立ち、川筋を吹きあげてくる風をとらえて、飛び降りた。眼下には旭川の河原が広がり、人びとの群れも見える。幸吉は人びとの頭上で大きく旋回したあと、足で尾羽を動かして向きを変え、そこから離れようとした。

ところが、その操作がうまくいかず、群衆のなかに落下したのである。幸い怪我人《けがにん》は出なかったが、大騒ぎになった。

「白い羽根をつけた天狗《てんぐ》が空を飛んだ」

「鳥人が空から降りてきた」

目撃者は異界のものを見たかのようにおどろき、恐ろしそうに話す。

その噂《うわさ》は、すぐ城下に広まった。数日後、その怪事件は幸吉の仕業とわかり、役人に捕らえられ、「奇行をもって人を騒がせるとは許しがたい」と、牢《ろう》に入れられてしまった。

しかし、藩主池田治政《はるまさ》もなかなかの個性派で、新しいことや珍しいことを好んだ。当時、江戸にいたが、幸吉の奇行を聞くと興味を示し、所払いに処すよう命じた。

なかには強硬に断罪を主張する者もいたが、幸吉は藩主のひとことで死をまぬがれることができた。とはいえ、世間の目は冷たい。「愚挙をもって世を騒がす不埒者《ふらちもの》」と、さんざんの悪評である。

幸吉はそうした世間の声に動揺することなく、未知への探求に意欲を燃やしつづけた。むろん、仕事をしなければ、暮らしていけない。幸吉は廻船問屋の手伝いをしたあと、駿府《すんぷ》（静岡市）に腰を落ちつけ、「備前屋」として木綿を扱う店を開いたのである。幸吉は商才もあったらしく、店は大いに繁昌《はんじょう》した。

その後、兄瀬兵衛の息子幸助を引き取って後継ぎにすると、幸吉は以前に習い覚えた入歯の技術を生かしてみようと思った。当時、入歯の材料は、象牙《ぞうげ》や黄楊《つげ》の木である。試みに知人の入歯をつくってやると、具合がいいというので評判になり、つぎつぎに客がやってきた。

幸吉はもちまえの器用さで、精巧な入歯をつくった。入歯づくりは人の役に立つ仕事だったが、やはり夢は空を飛ぶことである。四十代も残り少なくなると、「体力のあるうちにもう一度空を飛ぼう」と、翼づくりに取りかかった。

いつ飛んだのか不明だが、駿府の城下を流れる安倍川《あべかわ》の河原で、店の連中に綱を引かせて飛んだという。いまでいえば、グライダーのようなものである。幸吉は駿府城のうえを飛び、大きく旋回した。しかし、このように空を飛ぶということは、だれにも理解されない。またもや役人に捕らえられ、所払いとなった。

幸吉はやむなく、見附宿《みつけじゆく》（静岡県磐田《いわた》市）で備前屋という飯屋を開き、ようやく妻を迎えた。弘化《こうか》四年（一八四七）、九十一歳の生涯を終えたが、生まれてくるのが早すぎたのかもしれない。

天体望遠鏡をつくった鉄砲鍛冶《かじ》――国友藤兵衛《とうべえ》

鉄砲鍛冶だった男が、時代の先端をいく天体望遠鏡をつくるといえば、いまならたちまちマスコミに取り上げられ、話題の人になるにちがいない。しかし、江戸時代では一部の人びとに注目されたものの、世間からは奇人変人扱いされるだけだった。

近江《おうみ》国坂田郡国友村（滋賀県長浜市）には、古くからすぐれた刀鍛冶の集団が住んでいた。戦国時代、わが国に火縄銃が伝来すると、国友村は鉄砲生産の中心地となったが、江戸時代には太平の世となったことから火縄銃の需要が激減し、経済的にきびしい状況に追い込まれた。しかも、鉄砲づくりの仕事がないのだから、職人の技能も低下していった。

国友藤兵衛は、そうしたさなかの安永七年（一七七八）十月、国友村で生まれてい

る。十七歳のときに家督を相続し、父に代わって年寄脇《わき》（助役）に任じられると、藤兵衛は若いだけに、

「なんとしても、国友の技能を絶やしてはならない」と思った。

それというのも、職人たちは包丁や火箸《ひばし》、錠前などをつくって、やっと暮らしを支えていたからである。

そこで藤兵衛は諸大名のもとを訪ね、注文を取って歩いた。その効果があって、文化八年（一八一一）、彦根《ひこね》藩から藤兵衛のもとに、重さ二百匁《もんめ》（約七百五十グラム）の弾丸を発射できる大砲の注文が舞い込んだ。ところが年寄（国友の長）はそれを快く思わず、統制を乱すとして、注文を断ってしまった。

怒ったのは彦根藩である。報復のために、国友鍛冶が領内を通行するのを禁じたが、これでは原料や製品を運ぶこともできない。もともと国友村は幕府の兵器生産地だったから、紛争は江戸へ持ち込まれ、藤兵衛も江戸に呼び出された。

紛争に決着がついたのは、文化十四年（一八一七）のことである。取調べが進むうちに年寄の不正が明らかになる一方、日本近海にロシア船やイギリス船が出没し、騒然となったことから海防の充実が叫ばれはじめた。そうした事情から、年寄支配の体制を解消し、各自が需要に応じてよい、ということになったのである。

藤兵衛は江戸に滞在しているあいだ、オランダなどの西洋事情を学んだり、諸大名から珍しいものを見せてもらったりしていた。彼は職人だったが、並みの職人ではない。技能の習得や工夫に天才的なところがあったし、新しいものをつくるのが好きだった。

将軍家にオランダから献上された空気銃があったが、破損したままになっていて、だれも修理できない。藤兵衛は文政元年（一八一八）、それを引き受け、一か月ほどで修理してしまった。さらに、それより構造がたしかで、威力のある空気銃をつくった。

藤兵衛はそれを「気炮《きほう》」と名づけ、翌年、老中や諸大名の屋敷で試射を行なってみせた。その威力はたちまち噂《うわさ》となり、諸大名から多くの注文が寄せられたほどだった。

国友村へ戻ってからも、藤兵衛はさまざまなものをつくっている。

鋼《はがね》製の弩《いしゆみ》を改良したり、太陽光線によって裏の模様が表に浮かび出る魔鏡をつくった。また、懐中書《かいちゆうがき》を製作したが、これは一本の筒に朱肉を入れ、印、糊《のり》、筆、綿にふくませた墨汁を収納したものである。これをさらに簡易にしたのが懐中筆と称するものだった。原理はいまの万年筆と変わりない。ほかに、遠眼鏡付測量器も発明している。

なかでも藤兵衛の最大の功績とされるのが天体望遠鏡の製作だ。かつて江戸に滞在したとき、尾張《おわり》藩付家老の成瀬隼人正《はやとのしょう》の上屋敷でオランダ製の望遠鏡を見せてもらったことがきっかけになっている。

それ以来、藤兵衛は、

「いつか天体望遠鏡をつくりたい」

と思いつづけていた。

当時、わが国で使われていたのは、屈折望遠鏡である。これは凸レンズと凹レンズを組み合わせ、焦点を結ばせて像を得るというものだった。しかし、藤兵衛がつくろうとしたのは、反射望遠鏡である。この反射望遠鏡は、凹面の反射鏡で光を受け、焦点を結ばせて像を得る。屈折望遠鏡とくらべると、仕組みがはるかに精巧だし、倍率も高い。

藤兵衛は天保《てんぽう》三年（一八三二）、五十五歳のとき、天体望遠鏡の製作に取りかかった。当時の五十五歳といえば、隠居してもおかしくない年ごろだが、それにもかかわらず、創造への意欲を燃やしていたのだから脱帽せざるをえない。

まず、彼が苦心したのは、反射鏡の素材だった。反射鏡は青銅、すなわち銅と錫《すず》との合金でつくろうとしたが、問題は混ぜる割合である。さまざまな割合で混ぜながら、理想的な青銅をつくり出した。つぎに鋳造《ちゅうぞう》した反射鏡の凹面を研磨するのもたいへんだった。この反射鏡をつくるだけで二年を要した。

レンズは水晶を使ったが、レンズと反射鏡が焦点を結ぶように、覗《のぞ》いては精度をたしかめ、さらに磨く。こうした作業をいくども繰り返したのである。

藤兵衛は天体望遠鏡をつくりながら、一方で試しに望遠鏡を覗くうちに、天体観測にも興味を抱いた。はじめて観測したのは天保四年（一八三三）十月十一日で、この夜は月と木星を観測し、その様子を図に描きとった。藤兵衛は天体観測をしながら望遠鏡の欠点をさぐり、これを修正してより精度を高めていく。こうしてやっと完成したのは、天保六年（一八三五）のことだった。

藤兵衛はその後も天体観測をつづけたが、とくに重要なのは天保六年一月六日から翌七年二月八日までつづけた太陽黒点の観測である。観測日数百五十六日、観測回数は二百十六回におよび、貴重な図や記録を残した。藤兵衛はすぐれた天体望遠鏡をつくったばかりか、わが国初の太陽黒点観測者となったのである。

藤兵衛は天保十一年（一八四〇）、六十三歳で死去したが、当時の人びとからは、変人奇人としか見られなかった。しかし、彼がつくり出した天体望遠鏡によって江戸の天文学が支えられ、後世には「東洋のエジソン」とさえ称された。

異端の大天才――平賀源内

「ああ非常の人、非常の事を好み、行《おこない》これ非常、何《なん》ぞ非常の死なる」

これは平賀源内の墓碑銘だが、書いたのは蘭医《らんい》の杉田玄白である。非常とは、むろん日常や平凡を超えたということで、当時は狂人か山師のように見られていた。

しかし、源内は並みはずれた個性派人間で、現代に生まれていれば超一流の学者になっただろうし、実業家としても大活躍したにちがいない。ところが、源内の死もまた尋常ではなかった。

源内は享保《きょうほう》十三年（一七二八）、讃岐《さぬき》国志度《しど》浦新町（香川県大川郡志度町）で、高松藩の下級武士白石良房の三男として生まれている。幼少のころから天才ぶりを発揮し、神童と評判になっていた。

とくに源内が興味を抱いたのは本草《ほんぞう》、つまり薬物を中心とした博物学だが、十四歳から藩医についてこれを学び、二十歳のときには藩主松平頼恭《よりたか》に召し出され、薬園主任に登用された。頼恭は源内の才能や知識を高く評価していたのだが、彼はその職に満足できない。

二十四歳になると、家督を妹婿《いもうとむこ》にゆずって退職し、長崎へ出てオランダ語を学んだ。さらに江戸に出て、朝鮮人参《にんじん》の栽培に成功した本草学者田村藍水《らんすい》に弟子入りしたのである。

宝暦七年（一七五七）七月、源内は師の藍水とともに、本郷湯島（文京区）でわが国初の物産会を開いた。本草学の水準を示すさまざまな植物、動物、鉱物が陳列され、多くの江戸庶民で賑《にぎ》わった。たいへんな人気を呼んだことから、その後、物産会は五回まで開かれたが、源内は宝暦十三年（一七六三）、物産会の成果をもとに『物類品隲《ぶつるいひんしつ》』という専門書を出版したほどだった。

だが、それだけでは、源内の好奇心は収まらない。同じ年、歌舞伎《かぶき》の女形の水死事件を題材にした『根南志具佐《ねなしぐさ》』、浅草の名物講釈師をモデルにした『風流志道軒伝《しどうけん》』を発表。文学的才能を発揮している。さらに明和元年（一七六四）には、石綿（アスベスト）を使った燃えない布「火浣布《かかんぷ》」を開発製造し、明和五年（一七六八）にはわが国初の寒暖計「寒熱昇降器」をつくった。

明和七年（一七七〇）、源内は二度目の長崎遊学をしたが、長崎では外国の油絵を参考にして『西洋婦人図』と題する油絵を描いたほか、陶器を焼き、源内焼として珍重されるなど、その才能はとどまるところを知らなかった。

安永二年（一七七三）には秋田藩主佐竹曙山《しょざん》に招かれた。源内は秋田へ赴き、長崎で学んだ鉱山技術や洋画技法を伝授したのである。

平賀源内といえば、だれしも思い起こすのはエレキテルを自作したことだろう。エレキテルはオランダから伝来した摩擦起電装置で、病気の治療に役立つとされた。源内は二度目の長崎遊学のとき、大通詞西善三郎から破損したエレキテルをもらいうけた。それを江戸に持ち帰り、その原理を研究して修理に成功。安永五年（一七七六）には新たに自作した。

エレキテルの放電の仕組みは、ガラスの円筒をまわし、錫箔棒《すずはくぼう》にこすりあわせて帯電させる。これとは別に、ガラス瓶に鉄屑《てつくず》をつめ、下を松脂《まつやに》で絶縁したライデン瓶（蓄電器の一種）を用意しておく。この二つを木箱に収め、銅線をライデン瓶につなぎ、その先に二本の鎖をつけ、ここから放電させるというものだ。

エレキテルによる治療はなかなか理解されなかったが、火花を散らす珍しい器械として見世物になり、人気を呼んだ。その後、エレキテルの贋物《にせもの》づくりが現れるほどだった。

源内は好奇心が旺盛《おうせい》で、手当たりしだいに新しいものをつくって江戸の人びとをおどろかせてやろうとした。遊び心にあふれていたといってよいが、おどろかせようと考えたとしても、だれにでもできることではない。だからこそ、非常の人などといわれるのだが、彼の死もまた非常そのものだった。

江戸の社会では、源内の生きざまは常識の枠を超え、異端としか見られない。源内にはそれが不満で、世間に嘆息し、激しい怒りをぶつけるようになった。やがて源内の精神も荒れ、奇異な行動をする。

内神田橋本町（千代田区東神田一〜二丁目）に、凶宅として嫌われていた家があった。神山検校《けんぎょう》という金貸しが住んでいたのだが、子供が井戸に落ちて死んだうえ、みずからは悪事が露顕して追放される、といういわくつきの家である。亡霊が出没するという噂《うわさ》もあった。

源内は安永八年（一七七九）夏、知人たちの反対を押し切り、「わたしは亡霊に逢《あ》ったことがないので、ぜひ見たい」といって移り住んだのである。ところが、それから数か月後、源内も世を去ることになったのだ。

高松藩家老木村黙老《もくろう》の『聞《きく》まゝの記』によると、ある大名の別荘修理の見積りをめぐって、ある男と源内とが争いになった。だが、その年の十一月二十一日、源内は普《ふ》請《しん》計画書を見せながら自分の考えを話すと、男も納得し、二人が共同で普請することに話がまとまったのである。

そのまま源内の家で和解の酒宴となったが、翌朝、目をさますと、計画書がどこにもない。逆上した源内は、男が盗んだと思い込み、斬《き》り殺してしまった。しかし、あとで探してみると、計画書は手箱のなかから出てきた。

源内は後悔して自殺を試みたものの、死に切れずに苦しんでいたところ、役人がやってきて小伝馬町《こでんまちょう》の獄舎に入れられる。やがて十二月十八日、源内はその罪も定まらぬうちに破傷風にかかり、安永八年(一七七九)、獄中で死んだ。まだ五十二歳だった。

器用貧乏のからくり師——大野弁吉《おおのべんきち》

海の豪商銭屋五兵衛《ぜにやごへえ》の相談役でありながら、模型飛行機をつくって飛ばし、ピストルやカメラまでを自作した男。それが大野弁吉である。加賀国石川郡大野町(石川県金沢市)に住んでいたことから、大野弁吉と通称されたが、本名は中村屋弁吉だった。

弁吉は享和元年(一八〇一)、京都五条通りの羽子細工師の子として生まれたというが、詳しいことはわからない。幼いころ、比叡山延暦寺《ひえいざんえんりゃくじ》の寺侍だった叔父佐々木右門の養子となった。

もともと才能があったのだろう。幼少のころから四条派の画を描いた。四条派というのは、京都四条に住んだ松村月渓《まつむらげっけい》がはじめた日本画の一派だが、月渓は与謝蕪村《よさぶそん》、円山応挙《まるやまおうきょ》に学び、両者の画風を融合させ、独自の詩情に富んだ花鳥や風景を描いた。

しかし、弁吉は二十歳のとき、突如として延暦寺を出ると、長崎に向かった。長崎ではオランダ人から医術や理化学を吸収し、さらには絵画や彫刻も学んだ。その後、対馬《つしま》や朝鮮にも渡ったといわれる。帰国したのちは紀伊《きい》国（和歌山県）に出かけ、砲術や馬術、柔術、算術、暦学を究めたというから、好奇心のかたまりみたいな人物だったのだろう。

まもなく京都に戻った弁吉は、中村屋の婿《むこ》養子になる。妻は十三歳年下のウタで、それ以降、弁吉は、中村屋弁吉と名乗った。

だが、やがて二人は北陸の大野（福井県大野市）に移り住む。天保《てんぽう》二年（一八三一）、弁吉三十一歳のことである。もともと妻のウタが大野生まれだったし、長崎に滞在していたとき、銭屋五兵衛の外国貿易に通訳として雇われたこともある。大野移住の理由ははっきりしないが、そうした縁によるものかもしれない。

銭屋五兵衛は両替商から身をおこし、北前船の交易で成功、二百艘《そう》もの船をかかえる海運業者になっていた。五兵衛は弁吉より二十八歳も年上で、親子ほど年の差がある。それでも五兵衛は、弁吉の知識と知恵を買い、いわば陰の参謀として重用していた、といわれる。

弁吉はこの大野の地で、からくりに挑み、その才能を開花させた。たとえば「ねずみからくり」は、ぜんまいをまわすと、人形が太鼓を叩《たた》き、ねずみが穴からチョロチョロと出てきて、ふたたび穴に入っていく。ぜんまい仕掛けで、ヒョコヒョコ跳ぶ蛙《かえる》もつくった。

よく知られているのは「茶運び人形」である。人形が茶碗《ちゃわん》をささげもって運び、客がそれを受け取ると、くるっと向きを変えて帰っていく、というものだ。これらを見た人びとはおどろきながらも、手を打って喜んだ。

彫刻も巧みで、根付《ねつけ》や欄間《らんま》に腕をふるった。たとえば、蛤《はまぐり》が少し口を開いたかたちの根付は、そのなかに御殿が刻まれ、松の木や人物などが精巧に表現されているというものだった。

能登《のと》の豪商に依頼されて、客室の欄間に千匹の猿を彫刻したこともある。その豪商は名工にも同じ依頼をして、完成した二つの作品を並べてみた。豪商は弁吉の作品が見劣りすると非難したが、実際にそれを取りつけてみると、弁吉の作のほうがはるかにいきいきしていた。豪商は弁吉に非礼を詫《わ》び、さらに別間の欄間を注文したという。弁吉は欄間が所定の場所に収まったときの効果を考え、彫っていたわけである。

からくりと彫刻だけでもおどろきだが、ほかに大砲を鋳造《ちゅうぞう》したり、ピストルを製作して小鳥を撃ったこともあった。そのほか、鶴《つる》のかたちをした模型飛行機をつくって実際に飛ばし、多くの人びとを唖然《あぜん》とさせた。

カメラといえば、天保十二年（一八四一）に紹介されたのがわが国初とされる。弁吉はその数年後、みずから製作した。これは初期のダゲレオタイプと称する銀板写真で、構造は単純なものだ。弁吉はこのカメラで妻のウタを撮影し、悦に入っていたという。

弁吉は奇才で、しかも多才だったが、当時はこれで財をなすことがむずかしく、暮らしは貧しかった。それに天才にありがちな気ままさで、仕事は気が向かなければ頼まれてもやらない。明治三年（一八七〇）、弁吉は七十歳で生涯を終えた。

謎《なぞ》の多い天才彫刻家――左甚五郎《ひだりじんごろう》

日光東照宮の「眠り猫」、東京上野の東照宮にある「昇り龍《りゆう》・降《くだ》り龍」などの作品で知られる左甚五郎。彼の生没年は不詳だが、江戸初期に活躍した建築彫刻の名人だ。

甚五郎には不思議な逸話が多い。たとえば「昇り龍・降り龍」については、夜になると龍が抜け出し、池で水を飲んだという。また、竹でつくった水仙を花瓶に入れたところ、水をすって花を咲かせた、という話もある。

左甚五郎の生涯は謎に包まれているが、一説によると、文禄《ぶんろく》三年（一五九四）、播磨《はりま》国明石《あかし》（兵庫県明石市）に生まれ、十三歳のとき、京都の禁裏大工の棟梁《とうりよう》に弟子入りし、大工修業をはじめたという。

その後、甚五郎はめきめきと腕をあげ、京都方広寺《ほうこうじ》の造営、紀伊根来寺《きいねごろじ》の再建などに従事し、後水尾《ごみずのお》天皇から「天下一」の称号を許された。元和《げんな》五年（一六一九）には江戸へ招かれ、日光東照宮や上野寛永寺などの造営にもたずさわっている。

ところが、寛永十一年（一六三四）、江戸城西の丸の秘密地下道づくりに加わったことから、機密保持のため刺客に命を狙《ねら》われることになった。甚五郎はひそかに讃岐《さぬき》国高松（香川県高松市）へ亡命。藩主の保護をうけ、藩の大工頭として生涯を終えた。没したのは慶安四年（一六五一）、五十八歳だった。

別の説によると、甚五郎は飛騨《ひだ》（岐阜県北部）の匠《たくみ》で、貧乏だが、腕のよい彫物大工だったという。甚五郎の「左」については、姓とする説のほか、左利《き》きだったために称したという説もある。

しかし、いずれにせよ、「甚五郎作」と伝えられる作品は、制作年代が安土《あづち》桃山時代から江戸後期まで、約二百六十年にもおよんでおり、とうてい一人で制作できるはずもない。「左甚五郎」が何代もつづいた、という考え方もある。だが、作品が全国各地に散在しているところからすれば、複数の「左甚五郎」がいた、とするほうが自然のようだ。

当時、多くの寺社に派手な彫物がほどこされ、一種の流行のようになっていた。当然ながら彫物大工たちは腕を競いあったし、世間の人びとも寺社の彫物に関心を抱くようになった。

そうした状況を背景に、安永年間（一七七二〜八〇）以降、講釈師が盛んに「名人左甚五郎」を語りはじめる。さらに歌舞伎《かぶき》や落語にまでとりあげられ、広く庶民に知られていく。

庶民から見れば、左甚五郎は奇人ながらも、巧みな技量ですぐれた作品をつくり、封建社会を自由に生きた名人と映った。そうした庶民の心が、各地に多くの左甚五郎伝説を生み出した、といえるかもしれない。

酔っ払いの神技名工——小林如泥《こばやしじょでい》

出雲《いずも》国松江（島根県松江市）の小林如泥は細工名人として知られ、「出雲の左甚五

郎」と呼ばれていた。宝暦三年（一七五三）、大工の子として生まれたが、じつに器用で、茶箱や煙草盆《たばこぼん》、茶杓《ちゃしゃく》など、さまざまなものをつくった。

当時の松江藩主は茶人として有名な松平治郷《はるさと》（不昧《ふまい》）だが、彼は如泥の細工を高く評価し、天明三年（一七八三）、奥納戸《おくなんど》として召し抱えている。その後、如泥は寛政四年（一七九二）、四十歳のとき、譜代格大工になった。

如泥はたいそう酒好きで、酔うと泥のようになってしまう。城中でも酔いつぶれたことがあり、それを知った治郷が「如泥」の号をあたえた。細工の腕は非凡だが、相当な変わり者だったようだ。

つねに酒を飲んでいたから、家計はいつも火の車。酒屋の支払いに困り、小さな亀《かめ》の彫物を渡したこともある。ところが、大盥《おおだらい》に水を張り、その亀を入れたところ、たちまち亀が泳ぎ出した。酒屋は亀を好事家《こうずか》に売ったが、如泥の酒代以上のお金を手にしたという。

酒屋にいって立ち飲みをするとき、如泥はいつも五枚の板を懐《ふところ》に入れて出かけた。酒屋に着くと、その板を組み立てて枡《ます》をつくり、酒を注いでもらう。板がぴったり合っていて、一滴の酒も漏れなかった、と伝えられる。

藩主の治郷はあるとき、如泥ともう一人の細工名人に鼠《ねずみ》を彫るよう命じた。その優劣を競わせようとしたのである。出来上がった鼠は、どちらも本物そっくりだった。人の目には甲乙つけがたい。そこで治郷は家臣に猫をつれてこさせ、その場に放った。

猫は脇目《わきめ》もふらず、如泥の鼠に飛びついていった。じつをいうと、如泥は木を彫ったのではなく、鰹節《かつおぶし》を用い、鼠を彫っていたのである。如泥は技量だけでなく、頓知《とんち》にもすぐれていた。

多くの逸話のなかで、もっともおどろかされるのは、瓢箪《ひょうたん》のなかに紙を貼《は》ってみせた技だ。

あるとき、如泥の名声を聞きつけた薩摩《さつま》藩の島津公が松平治郷に頼み込み、瓢箪をとどけてきた。治郷は難問に頭を抱えたが、如泥は引き受ける。さっそく似たような瓢箪をいくつも集め、紙漉《かみす》き場でいろいろ試みてみた。しかし、細い口から紙を入れ、内側に貼りつけるなど、いくら高度な細工技術があっても不可能なことだった。

そこで如泥は、紙の原料である楮《こうぞ》の繊維がまだどろどろの状態のまま、少しずつ瓢箪のなかに注ぎ入れ、よくまわして内側に均一に付着させるようにした。入れては乾かし、また入れる。内側に紙を貼ったような状態になっているか、たしかめるために瓢箪を割ってみた。こうして、島津公が注文した通り、瓢箪の内側に紙を貼り、藩主の松平治郷も面目をほどこした。

如泥は人がおどろくような細工仕事をしたが、出来上がると、道具も仕掛けもすべて壊してしまった。このため、如泥の細工の実態は不明のままである。どのような職人も手のうちを知られるのを嫌うが、如泥は徹底していたようだ。文化十年（一八一三）、六十一歳で没した。

能代《のしろ》のからくり名人――宮腰屋嘉六《かろく》

江戸後期、秋田藩の能代港清助町（能代市）に、宮腰屋嘉六というからくりの名人がいた。なかなかのアイデアマンというか、発明家だったから、世間の人びとはおどろきながらも奇人扱いをしていた。

能代では、むかしから「ねぶ流し」が盛んだった。この「ねぶ流し」は七夕祭のことだが、青森の「ねぶた」のような武者人形ではなく、城郭をかたどったものを使う。紙貼りの城郭のなかに灯をともし、屋台にのせて練り歩くのである。嘉六は「ねぶ流し」で、名古屋城をかたどった大きな灯籠《とうろう》をつくり、それを人手を使わず、からくりで動かしてみせた。それを見た人びとは、びっくりしてしまった。そのほか、家屋や土蔵を解体することなく、特殊な道具を使い、そのままの状態で移動させることができた。世間の人びとは、嘉六のやることにおどろき、「工夫嘉六」と呼んだ。工夫の名人という意味だろう。

天保年間（一八三〇〜四三）、京都本願寺の再建工事が行なわれ、嘉六が能代の門徒衆とともに上洛《じょうらく》したときのことである。

嘉六が京の町を歩いていると、ちょうど紀州で伐採した巨材を運んでいるところに出会った。しかし、狭い町角がじゃまになって、人夫たちは巨木を動かせずにいる。

嘉六はそれを見て、

「おれなら三日で全部を運んでみせる」

と豪語した。「それほど自信があるならやってみろ」といわれ、嘉六は轆轤《ろくろ》と滑車を使いながら、町角でいったん材木を帆柱のように立て、それを倒す、という方法を繰り返しながら狭い町角を通り抜け、すべての巨木を三日で運んでしまった。

要するに、嘉六はあれこれと合理的に考え、人の思いつかないこと、できないことをやってのけたわけである。奇人と映ったのも無理はなかった。

そのほか、嘉六は一人で十六台の織機を動かせる仕掛けをつくったし、煙草を刻む機械を発明したりしている。のちに、自宅に「工夫指南所」の看板を出し、さまざまなからくりを陳列して、一般公開した。多くの人びとが珍らしがって見物にやってきたという。

「万年時計」をつくった天才——田中久重《たなかひさしげ》

からくりといえば、久留米《くるめ》（福岡県久留米市）にも、田中久重という名人がいた。水仕掛けで踊る人形をつくり、「からくり儀右衛門」と呼ばれたほどだった。

たとえば、嘉永《かえい》四年（一八五一）、五十三歳のとき、「万年時計」をつくり出している。これは四百日巻時計で、当時は「万年自鳴鐘《じめいしょう》」と称した。「自鳴鐘」というのは日時計や砂時計ではなく、歯車仕掛けの時計のこと。機械仕掛けによって鐘を打ち、時刻を知らせたことから、この名がついた。

六角形の台に、六角形の時計が乗っているが、その六面にそれぞれ文字盤をそなえ、時刻や七曜、二十四節気の月日、月齢などが表示される仕組みになっていた。さらに、その上部に日本地図が描かれ、その上に太陽と月の季節による運行が示されている、という手のこんだものだった。

久重は京都の土御門《つちみかど》家（暦学の宗家）に入門し、天文学を学んだが、「万年時計」はそれを応用してつくったという。つまり、和時計の技術とヨーロッパの新しい時計の技術を基礎に、久重の天才的なアイデアによってつくられた傑作といってよい。

田中久重は寛政十一年（一七九九）、久留米でべっ甲細工師の長男として生まれた。幼いころから機械いじりを好み、天才的な才能を発揮、九歳のときには「開かずの硯《すずり》箱《ばこ》」をつくっている。それ以来、懐中燭台《しょくだい》、雲竜水（消火用ポンプ）など、さまざまなものをつくった。

やがて京都に赴き、御所から御用時計師にあたえられる「近江大掾《おうみだいじょう》」の称号を賜わり、「機巧堂」という店を開いた。しかし、苦心して「自鳴鐘」を完成させたものの、高級すぎて売れない。このため、暮らしに困り、からくり見世物で稼ぎ、なんとか食いつないだという。

それでも嘉永五年（一八五二）には、車輪式とスクリュー式の蒸気船雛形《ひながた》を完成させている。その後、安政元年（一八五四）、招かれて佐賀藩の精錬所に入り、鉄砲や船の蒸気缶（ボイラー）製造にたずさわったりした。

明治八年（一八七五）、東京銀座に「田中製作所」（東芝の前身）を開いたが、これはわが国初の民間機械工場だった。久重はからくり一筋に生き、明治十四年（一八八一）、八十三歳で没した。

異能ぞろいの大江戸芸能界

大工棟梁《とうりよう》から落語家へ——烏亭焉馬《うていえんば》

江戸落語中興の祖とされる烏亭焉馬は、寛保三年（一七四三）、大工棟梁の息子として本所相生町《ほんじよあいおいちよう》（墨田区両国二〜四丁目）で生まれた。本名を中村英祝《ひでのり》という。

当初は父について大工の修業をし、幕府小普請《こぶしん》方に出仕して、幕府関係の建物の造作にたずさわった。大工としての腕はよかったが、その一方、歌舞伎《かぶき》見物に出かけたり、茶番を楽しむなど、よく遊び歩いた。

茶番というのは、ありあわせのものを使い、手ぶり身ぶりで滑稽《こっけい》なことを演じるものだが、台詞《せりふ》だけで滑稽を演じるのは口上茶番という。焉馬はこの茶番をみずから演じて、まわりの人びとを笑わせたりしていた。

いまなら変わり者というよりは、趣味人というべきだろう。その趣味が高じて、四十歳ごろには隠居し、咄《はなし》に打ち込み、本業にしてしまったのである。

焉馬がはじめて落し咄を自作自演したのは天明三年（一七八三）、四十一歳のときのことだった。柳橋（台東区）の河内屋《かわちや》で催された会で、素人《しろうと》ながら自作の『太平楽巻物』を二十分ほどかけて口演した。

内容は、髪結床で順番を待つ侠客《きょうかく》肌の男の独白、とくに遊女にたいする悪態を聞かせどころにしたもので、評判はよかった。これを機に、焉馬は落し咄に専念しようとした。

しかし、それで暮らしが立つわけはない。焉馬は隠居して、落し咄に没頭するといっても、経済的に余裕がなかった。そこで、女房に足袋屋をやらせ、暮らしのたしにしたのである。好きだからと突っ走ったのではなく、用意周到だった。それに隠居後も、町大工の棟梁として采配《さいはい》をふるうこともあった。

焉馬はさまざまな準備をして、天明六年（一七八六）四月十一日、向島《むこうじま》（墨田区）の料亭武蔵屋《むさしや》で、第一回の咄の会を開く。素人が集まり、たがいに落し咄を演じてみせたのである。

このころ、焉馬は狂歌師としても活躍していた。そのため、咄の会には大田南畝《おおたなんぽ》や朱楽菅江《あけらかんこう》ら狂歌の仲間や友人が百人以上も集まったという。さらに焉馬は同じころ、大の贔屓《ひいき》だった五代目市川団十郎のファンクラブ「三升連《みますれん》」を結成している。団十郎の紋が三升だったから、それを名称としたのだが、みずから団十郎をもじり、談洲楼の別号を使ったほどだった。

咄の会はその後もつづけたが、寛政十年（一七九八）、五十六歳のときには、公募した落し咄の秀作をまとめ、『無事志有意《ぶじしゆうい》』と題して出版している。これには自作の三編をはじめ、五十九人の秀作六十一編が収められた。のちにこの本がきっかけとなり、落語ブームが起きた、とされる。

焉馬が主宰した咄の会はその後もつづいたが、この会から三遊亭円生をはじめ、多くの咄家が誕生した。玄人《くろうと》の咄家が増えてくると、寄席《よせ》も急増し、落し咄は落語と称されてますます盛んになった。

しかし、焉馬にとって、落し咄はあくまでも遊びであり、無償で行なうものだった。咄家が金を稼ぐのを見て、「咄も末は金銭になるとは、借家を貸して母屋《おもや》を取られる、のたとえのようなものだ」と、嘆いたという。

それでも文政三年（一八二〇）一月二十八日には、亀戸《かめいど》（江東区亀戸）の藤屋で落語会を開いている。その年の五月二十一日、妻に先立たれ、二年後の文政五年（一八二二）六月二日、八十歳で没した。壮年期まで大工棟梁として腕をふるいながら、趣味の落し咄に熱中し、江戸落語を栄えさせた生涯だった。

色と悪口の人気講釈師――深井志《し》道軒《どうけん》

「江戸浅草寺《せんそうじ》（台東区浅草）の境内に、志道軒というひとくせある者がいた。軍談を読んで人を集め、木製の松茸《まつたけ》のかたちをしたおかしなものを手にし、それで拍子をとりながら聴衆を大笑いさせる。猥雑《わいざつ》で滑稽《こっけい》な話は、聴衆の気持ちをぐいとつかむ。歯なしの口をくいしばったり、皺《しわ》だらけの顔をうちふるわせるかと思えば、冷ややかな目をして、世間の人びとを痛烈にこきおろす。八、九十に近い痩爺《やせじじい》としか見えないのに、女形の身ぶりや声色まで、その趣を写すこと、まことに絶妙というべきだ」

これは平賀源内が宝暦十三年（一七六三）に出版した『風流志道軒伝』の一節だ。多才な源内も江戸中の人気をさらった深井志道軒が気になったとみえ、志道軒を題材にして本を書いたわけである。

深井志道軒は天和《てんな》二年（一六八二）、深井太作《たさく》の子として、京都の農家に生まれた。俗称を新蔵という。十二歳のときに剃髪《ていはつ》し、知恩院（京都市東山区）の僧となったものの、その後、衆道《しゅどう》に落ちたのがもとで寺を追い出され、江戸へ出奔した。三十歳のときのことだった。

江戸では当初、本所石原《ほんじょ》（墨田区）に住み、仇討《あだうち》を題材にした読物を書き、暮らしを立てていた。しかし、金が入ると吉原《よしわら》へ通って遊興にふける。彼には世をすねたようなところがあった。

やがて、読物を書くことにあきたらず、軍談講釈に転身する。享保《きょうほう》年間（一七一六〜三五）ごろ、志道軒は浅草寺境内の木陰で軍記物の講釈をはじめた。

講釈は軍談ともいい、のちには講談と称された。『太平記』とか、『甲越軍記』など、節をつけながらおもしろく語り聞かせるものだが、志道軒は、それに色と悪口を加えていった。

はじめはまともなことをいい、男女の道を大胆に語ったり、世相を諷刺《ふうし》したりする。かなりきわどい語りなのに、下卑たところがない。学識が深いから納得させられるし、巧みな話術に引き込まれて、聴衆はつい大笑いしてしまう。こうして志道軒は、江戸中の人気者になった。

それとともに、志道軒の講釈は、葦簀《よしず》張りの小屋がけとなった。客も木戸銭を払い、床几《しょうぎ》に腰をおろして耳を傾けたのである。もっとも、あやしげな形の棒をもち、白昼だというのにそれで拍子をとり、猥雑な狂講《きょうこう》を演じるのだから眉《まゆ》をひそめる者もいる。

しかし、志道軒は女と僧が嫌いで、聴衆のなかに女や僧がいるとあてこすりをいいだし、いたたまれなくしたという。

志道軒の懐《ふところ》には日々、金が入ったが、遊興好きは相変わらずで、その日のうちに飲んでしまった。あるいは、自分で肖像画を描き、それに戯言《ざれごと》を書きつけて印刷し、売ったという逸話も残っている。

奇行の人、志道軒は明和二年(一七六五)三月七日、八十四歳でその生涯を終えた。

三題咄《さんだいばなし》の名人——三笑亭可楽《さんしょうていからく》

落語家には変わり者が多いが、三笑亭可楽もそうだった。可楽は安永六年(一七七七)に江戸で生まれ、名を京屋又五郎という。彼は馬喰町《ばくろちょう》(中央区日本橋馬喰町)に住む櫛《くし》職人だったが、幼いころから頓智《とんち》がきき、達者な口で滑稽《こっけい》な話をして、大人たちを笑わせていた。それればかりか、本を読み、ものを書くのが好きだった。

寛政十年(一七九八)、又五郎が二十二歳のとき、大坂からやってきた岡本万作が、泊まっていた旅籠《はたご》に「頓作軽口咄《とんさくかるくちばなし》」の看板を出し、町の辻《つじ》には絵入りの引札(ポスター)を貼《は》って宣伝した。

軽口咄というのは落し咄の一種で、役者の声色や身ぶりを真似《まね》したり、滑稽な話をして、最後に落ちをつけるものだ。万作は旅籠の二階に人を集めてこれを演じたところ、大人気だった。

これを見た又五郎は刺激をうけ、落し咄上手の仲間四人と一緒に、下谷《したや》（台東区上野）の稲荷《いなり》境内で看板をかかげ、興行をはじめたのである。芸名も山生亭花楽と改めた。しかし、いくら咄がうまいとはいえ、やはり素人芸でしかない。客はさっぱり集まらないし、五日で咄のネタ切れとなり、中止の憂《う》き目を見た。

それでも花楽は、あきらめなかった。櫛づくりの道具や家財道具をすべて売り払って、修業の旅へ出たのである。とはいえ、別にためになる話でもないし、地方ではただの滑稽な話にお金を払って聞く、という習慣はない。

花楽のやっていることはなかなか理解されず、変人を超え、狂人扱いされる始末だった。花楽は修業なのだと気持ちをふるいたたせて歩きつづけたが、下総《しもうさ》松戸（千葉県松戸市）へやってきたころ、ついに路銀（旅費）が尽きかけてしまった。ところが、松戸の名主が花楽から事情を聞くと、同情して人を集めてくれたのである。花楽は懸命に演じた。咄はおもしろかったから、花楽の噂《うわさ》はたちまち広まり、大入りがつづいた。松戸の名主は、さらに花楽に向かって、

「咄はおもしろいのに、芸名がつまらない。なにか生花の師匠みたいだし、字を変え

て、三笑亭可楽としたらいいと思うが」

といって、改名をすすめたのである。たしかに、そのほうがずっといい。こうして三笑亭可楽と名を改め、江戸へ帰ってきた。寛政十二年（一八〇〇）には独演会を開き、大成功をおさめた。三笑亭可楽は人気者になったが、その一方、文化元年（一八〇四）、二十八歳のとき、三題咄を創始している。

三題咄は客から三つの題をもらい、これを即座におもしろおかしく入れこみ、一席の落し咄にする即興芸だ。可楽は文化元年六月、下谷の孔雀《くじやく》茶屋で夜の席を催したとき、聴衆から出された「弁慶」「辻君」「狐《きつね》」の三つを巧みに取り入れ、即席咄を演じて大喝采《だいかっさい》を博した。三題咄の名人といわれた三笑亭可楽は、天保四年（一八三三）、五十七歳で没した。

都々逸《どどいつ》に人生を賭《か》けた芸人——都々逸坊扇歌《せんか》

頭をまるめ、被布《ひふ》（僧侶《そうりよ》や茶人が着る羽織に似た外衣）を身につけて寄席《よせ》に上がると、三味線にあわせて都々逸をうたい、喝采を浴びた。都々逸坊扇歌はその都々逸をはやらせ、人気芸人となったが、江戸を代表する変人奇人の一人である。

扇歌は本名を福次郎といい、文化元年（一八〇四）、常陸《ひたち》国佐竹村磯部（茨城県常陸太田市磯部町）で生まれた。父の岡玄策は腕のいい医者だった。

福次郎は七歳のとき、疱瘡《ほうそう》（天然痘）にかかり、それがもとであばた顔になったほか、視力も衰えた。生涯、目をしょぼしょぼさせていたという。しかし、福次郎はそれにもめげず、元気で利発な子に育った。

目が不自由になったせいか、音に敏感になり、姉たちが稽古《けいこ》している三味線や唄《うた》をそばで聞き、姉たちより早くおぼえた。こうして三味線を弾き、美しい声でうたうようになったのである。

父は自分のあとを継がせ、医者にと期待したが、福次郎は医者を嫌い、唄や三味線で身を立てたいと思った。しかし、芸事で暮らすのはむずかしいから、父は養子口をもってくる。福次郎もやむなく、師匠を招き、好きな三味線や唄の稽古をしてよい、という条件で、枡屋《ますや》という造酒屋の養子になった。

ところが、子どもができないとあきらめていた枡屋夫婦に実子ができる。養父母は手の平を返し、福次郎に音曲の稽古をやめ、商売に精を出すように迫った。三味線の稽古ができないのでは、枡屋にいる意味はない。

福次郎は三味線を抱え、放浪の旅に出た。門付《かどづけ》をしながら諸国を歩いたのだが、それだけで食えるはずもない。しまいには三味線を売り払い、その金で飯を食い、酒を飲んだ。扇をたたき、拍子をとりながらうたい歩く芸人を「叩《たた》き」というが、福次郎は叩きに身を落としながらも、生来の美声を武器にうたいつづけた。

こうして諸国をめぐり、土地の唄を耳にしているうちに、みずからも独自の都々逸をつくりだしたのである。

利根川《とねがわ》の船頭唄からはじまった「潮来節《いたこぶし》」というのがあるが、当時、飴《あめ》売りがこれをうたいながら売り歩いた。ただし、その終わりに「こりゃまたよしこの……」と、はやし詞《ことば》を入れた。それがうけ、文政年間（一八一八〜二九）ごろから、「よしこの、よしこの」というはやし詞を入れた「よしこの節《ぶし》」が流行するようになった。

福次郎はよしこの節をもとに都々逸をつくり出したが、それは主に男女相愛の情を七、七、七、五の四句で詠《よ》み、うたうものだった。

その後、福次郎は「寄席の高座でうたえる芸人になりたい」と思い、江戸へ出る。当時、音曲咄を創案して人気者になった船遊亭扇橋《せんゆうていせんきょう》がいた。音曲咄というのは、音曲をはさみながら演じる落し咄である。

そのころの寄席は客寄せのために、「素人の飛入り歓迎」という看板を出していた。それを目にした福次郎は、飛入りで高座にあがり、都々逸をうたったのである。ちょうど楽屋にいた扇橋が、福次郎の都々逸を耳にした。そのうまさに感心し、福次郎を弟子にし、扇歌の名をあたえた。これが天保九年（一八三八）のことだという。

扇歌はたちまち人気者になった。しかし、あまりにも過激に時世を諷刺し、幕府を批判したため、嘉永《かえい》三年（一八五〇）、幕府の怒りを買って江戸を追放された。扇歌はやむなく故郷に戻り、常陸府中（茨城県石岡市）の旅籠《はたご》に嫁いでいた下の姉桃経《ももえ》のもとに身を寄せたが、まもなく病に倒れ、嘉永五年（一八五二）に息を引き取った。四十九歳だった。

芸のために京から水を運ぶ――坂田藤十郎

上方歌舞伎《かみがたかぶき》の人気役者坂田藤十郎は、はじめて和事《わごと》を真に迫る芸で演じてみせた。和事というのは、男女の恋愛や情事を演じることだが、藤十郎は「濡事《ぬれごと》の開山、傾城《けいせい》（遊女）買いの元祖」といわれたほどだ。

藤十郎は正保《しょうほう》四年（一六四七）、京都で生まれた。無名の役者にすぎなかった藤十郎が一躍、人気役者になったのは延宝六年（一六七八）二月、三十二歳のときのことである。大坂の荒木与次兵衛座で、歌舞伎狂言『夕霧名残正月《ゆうぎりなごりのしょうがつ》』に出演し、大当たりをとった。

夕霧とは、江戸の高尾と並び称される有名な遊女で、その美しさは「露を含んだ芙《ふ》蓉《よう》のようだ」と、ほめたたえられていた。ところが、病に侵され、延宝六年一月六日、まだ二十七歳という若さで死んだ。大坂中が夕霧の死を惜しんだが、その余韻もさめやらぬうちに、「夕霧追善」と銘打って舞台にのせたのである。

筋は、お大尽の伊左衛門が遊女夕霧に夢中になり、放蕩《ほうとう》に身をやつし、落ちぶれていく、というものだった。藤十郎は、その伊左衛門を情趣たっぷりに演じ、観衆は熱狂した。それ以来、藤十郎は濡事を演じつづけたが、その巧みな演技で「傾城買いの名人」とも称された。しかし、そうした役柄とは異なり、実生活では豪快な人物だったという。

藤十郎が高額の給金で大坂の芝居主に抱えられたとき、なんと京都から樽《たる》詰めの水を運ばせ、飯米を一粒選《え》りにさせて食べていた。そのため、「常軌を逸した贅沢者《ぜいたくもの》」との非難を浴びたが、藤十郎はこう反論した。

「わたしを抱えてくれた芝居主は、大切な金銀をお出しになったから、わたしはそれに応《こた》えなければならない。もし、米粒のなかに砂がまじっていて、それを噛《か》んで歯を傷《いた》めれば、舞台での台詞《せりふ》が聞きとりにくくなるだろう。また、日ごろ飲みなれない水を飲み、下痢にでもなれば、舞台に立てぬことになるし、これでは芝居主への義理が立たない。だから京都から水を取り寄せたり、飯米を一粒選りにさせるのは、決して贅沢ではない」

芸のためなら米も一粒選りするというのだから、たいへんな根性である。

藤十郎はさらに近松門左衛門と出会い、写実的な台詞まわしで数多くの近松作品を演じ、上方歌舞伎の基礎を築いた。宝永六年（一七〇九）に没したが、六十三歳だった。

豪快な芸と小心な性格——市川団十郎

元禄《げんろく》十七年（一七〇四）二月十九日、当代一の大スター市川団十郎が江戸市村座で『わたまし十二段』に出演中、同じ舞台に出ている生島半六《いくしまはんろく》に刺殺されるという事件が起きた。団十郎は四十五歳で無惨《むざん》な最期《さいご》を遂げたわけだが、彼もまた強烈な個性の持主だった。

団十郎は万治三年（一六六〇）江戸で生まれた。名を海老蔵《えびぞう》という。父の堀越重蔵は俠客《きょうかく》で「菰《こも》の重蔵」の異名を取っていた。海老蔵は幼いときから芝居好きで、延宝元年（一六七三）、十四歳のとき、市川段十郎を名のり、中村座で初舞台を踏んだ。素人《しろうと》の少年が役者になったわけである。

段十郎がもらったのは『四天王稚立《おさなだち》』の坂田公時《さかたのきんとき》役だった。紅と墨とで顔に隈《くま》をとり、大柄な童子《どうじ》格子《ごうし》の衣裳《いしょう》に丸ぐけの帯を締め、大太刀を腰に差し、斧《おの》をひっさげて登場。荒あらしい六方《ろっぽう》（手を振り、高く足踏みして歩く誇張した演技）を踏み、見得を切るなど、豪快な演技で喝采を浴びた。

その後、さまざまなヒーロー役を演じたが、江戸庶民は段十郎の痛快無比な演技に熱狂したのである。彼は、荒事を確立したことで知られるが、役柄とは逆に、私生活では気が小さく、自分のしたことをくよくよ反省したという。

元禄三年（一六九〇）のことだが、家族の幸せと将来の出世を神仏に祈り、酒を断ち、妻以外とは交わらない、と誓った。ところが、いとも簡単にその誓いを破ってしまう。数人の若衆方や女形と男色の交わりにおよんだのである。段十郎としても、これでは面目がないと思ったのだろう。元禄六年（一六九三）、改めて新しい誓いを立て、つぎのように書き記した。

「災いは迷いの心から起こってくる。迷いとは、酒と淫《いん》の二つだが、酒は両親のためと思い、父母存命のあいだはかたく禁酒すること、三宝荒神へ申し上げる。また、女色、男色はもっとも重い悪事だが、夫婦の縁は釈迦《しゃか》にもあったことといわれるので、これだけは御免蒙《こうむ》る。そのほか、いかなる女色、男色も、父母にお仕えするあいだは絶つつもりだ」

これが実行されたかどうかは不明だが、前例からみると疑わしい。いずれにせよ、元禄六年（一六九三）には団十郎と改名し、芸域を広げる一方、狂言作者として多くの作品を書いた。

しかし、突如として命を絶たれてしまう。生島半六が凶行におよんだのは、女性問題のトラブルがあったとか、団十郎が半六の子善次郎を虐待《ぎゃくたい》したからだなどと噂《うわさ》されたが、その真偽のほどは定かでない。

私生活でも女に徹した女形――芳沢《よしざわ》あやめ

元禄年間(一六八八~一七〇三)、代表的な女形として評判になった芳沢あやめは、芸談集『あやめ草』を残し、のちの女形に大きな影響をあたえた。

延宝元年(一六七三)、紀伊《きい》(和歌山県)で生まれたが、男の子ながらたいそうかわいらしく、まるで女の子のようだったという。そのため、大坂のある芝居小屋の三味線方に売られた。

こうして、あやめは色子《いろこ》になったが、色子というのは歌舞伎若衆で、男色を売る者のことである。舞台にも立ち、立役(女形以外の男役)を演じながら、やがて道頓堀《どうとんぼり》(大阪市中央区)で売れっ子になった。

そのあやめに目をつけたのが、豪商の橘屋《たちばなや》五郎左衛門である。五郎左衛門はあやめを身請けし、寵愛《ちょうあい》したものの、あやめの女形としての才能をなんとかして伸ばしてやりたい、と考えた。

色子は年をとるとできなくなるが、あやめは五郎左衛門のすすめもあって、女形として舞台に立つ。芸名は芳沢あやめ。本物の女以上の女らしさだったから、観衆も感嘆し、あやめの人気は急速に高まった。

もともと「女」として五郎左衛門に仕えてきただけに、あやめは舞台だけでなく、私生活でも女であろうとした。だが、いくら女らしくといっても、食事をするときにはつい隙《すき》が生じる。だから、あやめは人前では食事をしなかった。

あるとき、上方歌舞伎の名優嵐三右衛門《あらしさんえもん》の家で、つぎの演《だ》し物のうちあわせをしたあと、三右衛門は夜食がわりに、とろろ汁を出した。みんなが食べはじめたのに、あやめだけは箸《はし》をとらずに、恥ずかしそうな様子をしている。それに気づいた三右衛門は、

「さすが、あやめだな。女形としてのたしなみをよく心得ている」

と感嘆したが、あやめは、

「女形にとって濡場は大切な場面。それなのに相手役や人前で、むしゃむしゃ食っては、真心のこもった芝居ができません」

と応じたのである。一流の女形ともなれば、才能だけでなく、そうした心がけも重要なのだろう。芳沢あやめは享保《きょうほう》十四年（一七二九）、五十七歳で没した。

宝暦三年（一七五三）、江戸堺町《さかい》（中央区日本橋人形町）の中村座で『京鹿子娘道《きょうかのこむすめどう》成寺《じょうじ》』を演じ、空前の大当たりをとった中村富十郎は、芳沢あやめの三男である。親の血筋を引いて美貌《びぼう》だし、そのうえ芸域も広く、「極上上吉」と評されたほどだった。

放浪暮らしをする奇才たち

四十六年も異郷を歩く――菅江真澄《すがえますみ》

信濃《しなの》(長野県)、陸奥《むつ》(東北)、蝦夷地《えぞち》(北海道)など辺境の地を遊歴し、厖大《ぼうだい》な旅の記録を残した菅江真澄も、当時の人びとからすれば途方もない変人だった。

真澄は宝暦四年(一七五四)、三河国(愛知県東部)で生まれている。本名を白井秀雄《しらいひでお》という。生家は豪商だったとか、父は神職についていたなど諸説があってはっきりしない。長じて尾張藩の薬草園につとめたのち、本草学《ほんぞう》や医学を学び、天明三年(一七八三)、三十歳のときに遊歴の旅へ出た。

まず、信濃に一年半ほど滞在し、各地の医学者や僧、神職、豪農などの家を訪ね、そこに泊めてもらいながら名所旧跡をめぐった。

真澄は人なつこいたちで、どこでも多くの人びとと親しく交わった。むろん、真澄には本草学の知識があるし、国文や和歌、さらに民間伝承などにも詳しい。それが人びととの親交に役立った。

天明四年に信濃を出立し、北をめざして歩く。日本海側に出たあと、酒田、象潟《きさかた》（秋田県南西部の海岸、鳥海山《ちょうかいさん》の北西麓《ろく》にあった潟湖《せきこ》）を経て内陸部に入り、天明五年の正月は湯沢で迎えた。さらに北へ向かい、秋田藩の城下町久保田（秋田市）を訪れる。

その後、津軽（青森県西部）、盛岡、平泉（岩手県西磐井《いわい》郡平泉町）などをめぐったあと、天明八年（一七八八）七月には昆布刈りの船に乗せてもらい、蝦夷地へ渡った。四年余を歩きまわったが、内浦湾沿いのコタン（集落）に滞在し、アイヌの住まいであるチセ、熊《くま》を養う囲い、倉などが立ち並ぶコタンの様子を写生している。

文化八年（一八一一）には秋田藩に迎えられ、久保田に住みついた。藩主佐竹義和《よしまさ》から藩内の地誌をまとめるよう依頼されたからである。このため、真澄は藩内を熱心に歩きまわり、農民の暮らしや風習などを調べ、記録した。

文政十二年（一八二九）七月十九日、真澄はその調査の途中、角館《かくのだて》（秋田県仙北郡角館町）の神主宅で死去したという。七十六歳だった。故郷の三河を出てから四十六年、ひたすら旅をつづけ、異郷の地で没したわけである。

ところで、真澄は「常冠《じょうかぶ》りの真澄」といわれ、つねに黒紬《くろつむぎ》の頭巾《ずきん》をかぶっていて、なぜか寝るときも、人前でも脱がなかった。秋田でそれを不思議に思い、なんとかして脱がせようとした男がいたが、さすがに温厚な真澄もこのときばかりは立腹し、刀を抜こうとしたという。

真澄が息を引き取ったとき、頭巾を取ってみようという男がいたが、ある老人がそれを押しとどめ、

「あれほど脱ぎたがらなかったのに、いまになって脱がせるとは卑怯《ひきょう》だし、死者を冒《ぼう》瀆《とく》するものだ」

といって叱《しか》った。そのため、真澄は黒頭巾のまま葬《ほうむ》られた。

地図づくりの旅歩き——長久保赤水《ながくぼせきすい》

江戸時代の日本地図といえば、伊能忠敬《いのうただたか》が実測した「大日本沿海輿地《よち》全図」、俗にいう「伊能図」が有名だ。念のためにつけ加えておくと、輿地とは「万物を載せている輿《こし》」の意で、つまりは「大地」「全世界」のことである。

しかし、伊能図がつくられる以前にも、日本列島の輪郭をほぼ正確に示した日本全図を作成した男がいた。

水戸藩（茨城県水戸市）に侍講として仕えた地理学者の長久保赤水である。幼いこ

ろから学問を好み、とくに地理学に興味を示した。長じて地図づくりのために諸国を旅して歩いたのだから、世間の人びとには奇人と映った。

赤水は享保《きょうほう》二年（一七一七）、常陸《ひたち》国の赤浜（茨城県高萩《たかはぎ》市）で、農家の子として生まれた。名は玄珠《はるたか》、通称を源五兵衛というが、のちに出生地の赤浜から赤水と称した。水戸藩の侍講となったほどだから、よほど勉強に打ち込んだのだろう。地理学を学ぶうちに、やがて地図作成に意欲を燃やす。宝暦年間（一七五一～六三）には奥州《おうしゅう》（東北地方）を歩き、調査を試みている。

明和四年（一七六七）、水戸藩士が長崎へ、漂流民を受け取りに赴くことになった。二年前の明和二年（一七六五）十一月、常陸の姫宮丸が銚子《ちょうし》沖から漂流し、波にもまれて安南（ベトナム）に流れ着く。乗り組んでいたのは六人である。彼らは漂着地で働きながらお金を稼ぎ、なんとか暮らしていたが、その後、会安（フェフォ）に移され、明和四年に長崎へ帰ってきた。

赤水は漂流民受け取りの水戸藩士にしたがい、長崎へ旅をした。安永三年（一七七四）、五十八歳のときには上方へ出かけ、一年も京都に滞在している。このようにさまざまな機会に旅をし、地図づくりのために調査しながら歩きまわった。

こうして安永四年（一七七五）三月、赤水は日本全図である「日本輿地路程全図」

を完成させたのである。「寛政の三博士」の一人といわれた儒学者の柴野栗山《しばのりつざん》が序文を書いた。

この地図は方眼投影方式で作成され、日本ではじめて経緯度線が記入された。縮尺もつけられ、一寸（約三センチ）で十里（約四十キロ）を示している。さらに国別に色分けしたほか、道路や河川、都市、港、名所なども細かく記してあった。その後、安永八年（一七七九）には「改正日本輿地路程全図」を出版した。

当時、幕府も地図を作成したが、それらは軍事や政治の必要からつくられたもので、むろん非公開だった。ほかには絵師が描いた鳥瞰図《ちょうかんず》のような絵図が出版され、これが庶民のあいだに広く利用された。

それにくらべると、赤水の地図ははるかに精度が高い。伊能図が完成したのは文政四年（一八二一）だが、出版されたのは遅く、慶応元年（一八六五）のことである。このため、赤水の日本全図は幕末にいたるまで、日本地図の基本として長く利用されつづけた。

天明二年（一七八二）には、オランダ書にもとづいた世界地図を出版している。さらに『大日本史』の「地理誌」も担当したほか、旅の見聞を記した『東奥紀行《とうおうきこう》』などの著書もある。享和元年（一八〇一）、八十五歳の生涯を終えた。

諸国を遊歴する風流医者――橘南谿《たちばななんけい》

医者であり、文人でもあった橘南谿も風流な人物である。諸国を遊歴し、『西遊記』『東遊記』などの著書を残したが、それだけ好奇心が旺盛《おうせい》だったようだ。

南谿は宝暦三年（一七五三）、伊勢の久居《ひさい》城下（三重県久居市）で、久居藩士宮川保長の五男として生まれた。本名を宮川春暉《はるあきら》と称した。武士の子とはいえ、五男であれば他家の養子になるか、ほかの道を歩むしかない。南谿は十九歳のとき、京都へ出て医学を学んだ。蘭学にも深い関心を抱き、天明三年（一七八三）六月二十五日、伏見で同じ医者の小石元俊《げんしゅん》らとともに刑死体を解剖している。

元俊は前野良沢《まえのりょうたく》、杉田玄白らが翻訳した『解体新書』を読み、オランダ医学を知った。その後、大槻玄沢《おおつきげんたく》が江戸で開いた芝蘭堂《しらんどう》で学び、関西ではじめてオランダ医学を唱えた人物である。南谿は、この小石元俊に影響を受けたようだ。

しかし、南谿はもともと体が弱く、病気がちだったが、それにもかかわらず、医学にかける情熱はなみなみならぬものだった。それも屋敷にこもって研究したり、治療にあたるだけではない。

天明二年（一七八二）から翌年にかけて、門弟の文蔵を伴い、九州や四国など西国をめぐり歩いた。その後、天明五年（一七八五）九月には門弟の養軒をつれて、富山から越後、奥羽（東北）、江戸など東国を遊歴している。西国と異なり、東国には知人が多い。それに名が知れていたこともあって、滞在している宿に訪ねてくる人も少なくなかった。旅は十か月におよび、翌年六月に京都へ戻った。

南谿は、長い旅に出たが、物見遊山《ゆさん》の旅をしているわけではない。各地の医術や貧民の救済法などを知るため、それらにたずさわっている人びとを訪ね、丹念に聞いて

歩いたのである。

たとえば、越前の定友村《さだとも》（福井県今立《いまだて》郡今立町）に黒田道宅という産婦人科の名医がいると聞いて訪ね、二十日ほども滞在してあれこれと話を聞いた。そればかりか、養軒をその名医に弟子入りさせたほどだった。そのほか、南谿は旅の途中で病人を治療したり、医術について講義したこともあった。

これら遊歴の記録は、寛政七年（一七九五）三月には『西遊記』として出版され、八月には『東遊記』が刊行された。さらに寛政九年（一七九七）に『東遊記後篇』、翌年には『西遊記続篇』が出版された。

内容は諸国の奇観異聞をはじめ、人情や風俗、気候、産物など、さまざまなことにおよんでいる。南谿は旅の途中で薬になる動植物を探索しているが、『西遊記』にはツチノコを探しにいく話がある。

ツチノコは蛇のような姿をしているが、胴は太くて短い、とされる想像上の動物である。しかし、南谿は、ツチノコが万病に効く薬になると信じていた。九州を旅しているとき、筑前《ちくぜん》（福岡県北西部）でツチノコを捕らえて殺した、という男のことを耳にする。南谿はさっそく訪ね、ツチノコを埋めた場所を掘ってみたが、すでに腐敗していた。必要な肝臓を取り出すことができず、残念ながらあきらめたという。

ほかにも珍奇な話が多い。江戸中期から後期にかけて耽奇《たんき》趣味が流行するが、南谿はそのはしりのような人物だった。南谿は名医といわれ、『傷寒論分註』など多くの学術書も残しているが、よほど好奇心が強かったようだ。文化二年（一八〇五）、五十三歳で死去した。

諸国放浪の俳人——小林一茶

素朴で飾りけがなく、人のいい老俳人。小林一茶に、そうした印象を抱いている人が少なくない。とりわけ、つぎのような句に接すると、その印象が強くなる。

「我と来て遊べや親のない雀《すずめ》」

一茶は諸国を放浪しながら多くの名句をつくったり、俳句の教授をしたが、家庭的には恵まれず、不幸がつづいた。宝暦十三年（一七六三）、信濃《しなの》国柏原《かしわばら》（長野県上水内《かみみのち》郡信濃町柏原）の百姓小林弥五兵衛、くに夫妻の長男として生まれたが、生母くにはまもなく病死。父は五年後、さつという女と再婚し、やがて異母弟仙六が生まれる。継母とのあいだがぎくしゃくし、一茶は家庭の冷たさを身にしみて育った。

父親は哀れに思ったのか、安永六年（一七七七）春、十五歳になった一茶を江戸へ奉公に出した。しかし、決まった奉公先はなく、一茶は左官屋や土方、経師屋《きょうじや》、湯屋の飯《めし》炊き、札差《ふださし》の下働きなどを転々として暮らした。

そうした一方、幼いころから俳諧《はいかい》趣味をもっていた一茶は、俳人二六庵竹阿《にろくあんちくあ》の門弟となり、本格的に俳諧を学んだ。家庭が貧しく、不幸だったこともあって、一茶は弱者にたいする同情心を失わなかったし、子どものような純真さをもちつづけていた。これが作品に反映して、多くの人びとの心を捉《とら》えた。

一茶が旅に出たのは寛政四年（一七九二）春、三十歳のことだが、畿内《きない》から中国、四国、九州など、足かけ四年も放浪したのだから、世間の人びとには奇異に映ったにちがいない。寛政七年（一七九五）には江戸に戻り、処女句集『旅拾遺』を出版したが、その後も放浪の旅をつづけた。しかし、年齢を重ねると、漂泊の暮らしは体にきつい。故郷で落ち着きたい、という気持ちも湧《わ》いてくる。四十九歳のときには、こんな句を詠《よ》んだ。

「月花や四十九年のむだあるき」

じつをいうと、父の死後、遺産分配をめぐって、継母や異母弟との争いが十年もつづいていた。むろん、いつまでも放置しておくわけにはいかない。一茶は五十歳のとき、故郷に帰って、じっくりと話しあった。やっと和解したのは翌文化十年（一八一三）一月のことである。

異母弟と田畑を半分ずつ分け、家も棟を割って住むことになった。一茶はこれで気分的にすっきりしたのだろう。文化十一年（一八一四）四月、はじめて妻を迎えた。一茶は五十二歳、相手は二十八歳の菊である。当時の五十代といえば老人だし、一茶もすでに髪は白く、かなりくたびれているように見えた。

ところが、はじめての結婚生活で歓喜したのか、病がちだというのに、精力絶倫ぶりを見せる。一茶はみずから性の記録として『七番日記』を残したが、その旺盛さにはおどろくほかない。

たとえば、結婚二年後の文化十三年（一八一六）八月の項には「夜五交合」「夜三交」などの記述がひんぱんに出てくるのだ。これは一日の性交回数だが、一茶は俳句のみならず、性生活でも非凡だった。

しかし、一茶の家庭的な不幸はさらにつづく。菊とのあいだに三男一女が生まれたが、子どもたちはつぎつぎに早世し、菊も結婚して九年後、四番目の子金三郎を残して死んだ。その半年後には、金三郎も亡《な》くなった。こうして文政六年（一八二三）、一茶は六十一歳にして、家族すべてを失ったのである。

その間、一茶は病にも悩みつづけた。柏原村へ帰った年には、尻《しり》に大きな癰《よう》（悪性のできもの）ができ、七十余日も動くことができなかった。また、文化十三年（一八一六）七月には、近くの浅野《あさの》村（長野県上水内郡豊野町）に住む門人を訪ね、そこで瘧《おこり》（マラリア）を患《わずら》っている。

一茶は文政三年（一八二〇）にも浅野村へ出かけたが、その途中、脳溢血《のういっけつ》で倒れ、中風になってしまった。駕籠《かご》で柏原村の自宅へかつぎ込まれたが、一時は半身不随となり、口を利《き》くのもままならない。しかし、やがて快方に向かった。

そうしたさなかに菊が死んだのだが、その翌文政七年（一八二四）五月、一茶は飯山藩（長野県飯山市）の娘で、三十八歳の雪を後妻に迎えた。一茶は六十二歳である。だが、折り合いが悪く、わずか三か月で雪は実家へ逃げ帰った。

その翌月、一茶は脳溢血を再発する。言語障害になり、夜尿もしばしばという状態に陥ったが、養生のかいがあって、どうにか回復した。とはいえ、足や口に不自由さが残った。普通ならこれで静かに暮らすところだが、一茶はちがっていた。

文政九年（一八二六）、三十二歳のやをを三度目の妻に迎えたのである。やっと落ち着きをえたと思ったのも束《つか》の間《ま》、翌文政十年（一八二七）、柏原村で大火が発生し、一茶の家も類焼してしまったのだ。焼け残った土蔵を修理し、そこに住んだが、それからまもなくの十一月十九日、六十五歳の生涯を閉じた。その半年後、未亡人となったやをが一茶の子を産んだ。

放浪暮らしの前半生――滝沢馬琴《たきざわばきん》

『南総里見八犬伝』など、雄大な伝奇小説で知られる滝沢馬琴は、八十二歳まで生きた。しかし、晩年は失明して書くことができず、やむなく口述を長男の嫁路《みち》に筆記してもらい、ようやく『八犬伝』を完成させた。馬琴は執念の人といってよい。

ところが、前半生は放浪に明け暮れる変わり者だった。馬琴は明和四年（一七六七）、江戸深川（東京都江東区）で、千石取りの旗本松平家の用人滝沢興義《おきよし》の五男として生まれている。武家の子だが、五男ともなれば気が楽である。

とはいえ、運命は思わぬ方向へ転回するものだ。九歳のとき、父が死去したのに、長男が主家を去ってしまう。このため、十歳の馬琴に家督がまわってきた。だが、やがて武士が気にそまなくなったのだろう。十四歳のとき、

「木がらしに思ひたちたり神の供」

という句を残して、家を飛び出してしまった。その後、戸田家に仕えたが、天明四年（一七八四）、十八歳でつとめをやめ、市中を放浪するようになった。

やがて病を患《わずら》うが、一説によると梅毒だったとされる。馬琴は病を治すため、山本宗英という医者の家に住み込む。そこで薬草を刻むなど、仕事を手伝いながら治療につとめていた。

もともと馬琴は器用だし、もの覚えも早い。宗英に仕事ぶりが気に入られ、やがて代診をまかされるようになった。馬琴もその気になり、滝沢宗仙と名乗って医術に本腰を入れはじめる。ところが、病が治ると気が変わった。またしても宗英の家を飛び出し、放浪暮らしに戻ったのである。

その間、馬琴は亀田鵬斎《かめだほうさい》に儒学を、石川五老に狂歌を学んだ。しかし、いずれも長つづきしない。やがて寛政二年（一七九〇）、二十四歳のとき、深川仲町の裏店《うらだな》にひとり住まいし、戯作者《げさくしゃ》を志す。

この年の秋、馬琴は酒一樽《たる》をたずさえ、当代一流の戯作者山東京伝《さんとうきょうでん》を訪ねて弟子入りを頼んだ。京伝は当時、三十歳である。翌寛政三年春、馬琴は京伝門人大栄山人の名で作品を発表したものの、その後、住まいが洪水の被害を受け、京伝の食客となった。

しかし、同じ寛政三年五月、京伝の洒落本《しゃれぼん》が幕府の発禁処分を受け、手鎖《てぐさり》五十日を命じられた。馬琴はその間、代作をつとめている。こうしてしだいに作家として大成していくのだが、馬琴は「わずかな給料に腰をかがめるのは嫌だし、商人にもなりたくない。といって、好きで本を書いているわけでもない。出版社の請《すす》めに応じて書き、世を渡るのはやむをえないことだ」と思っていた。

馬琴が三歳年上のお百と結婚したのは、二十七歳のときのことである。お百は飯田町中坂下（千代田区九段北一丁目）の下駄屋《げたや》の娘で、馬琴は入婿《いりむこ》だった。お百は愚痴っぽい女で、家庭に波風が絶えなかったのだが、馬琴はそれに耐えて筆をとりつづけたのである。

堪忍《かんにん》と勤勉の商人作家——鈴木《すずき》牧之《ぼくし》

雪国の博物誌ともいうべき『北越雪譜《ほくえつせっぷ》』で知られる鈴木牧之は、幼いころから俳諧《はいかい》を学び、風流を好んだ。

長じては精力的に文筆活動をつづけ、滝沢馬琴や山東京伝ら当代一流の作家たちとも親しく交っている。優雅に暮らし、風流に遊んでいたように思えるが、そうではない。傾く家業と格闘しながら堪え忍び、執筆は夜中に行なっていた。

牧之は明和七年（一七七〇）、越後国魚沼郡塩沢村（新潟県南魚沼郡塩沢町）に生まれている。生家は越後縮《えちごちぢみ》を扱う商家だが、牧之が三十歳であとを継いだころは、家業が傾きかけていた。しかし、商売熱心な牧之は商いの合理化を図り、なんとか隆盛させることができた。

牧之は自伝ともいうべき『夜職草《よなべぐさ》』を残しているが、それによると遊びや美食などをせず、ひたすら堪忍して、家業に励んだことが記されている。

仕事というのは、つぎつぎにさまざまなことが生じて、きりのないものだ。そこで牧之は、やらなければならぬことや思いついたことなどを帳面に書きとめ、優先順序を記しておいた。昼間やるべき仕事は無印だが、夜の仕事には黒い星をつけ、手間を取らないことや急を要することから片づけていった。

暮らしぶりも几帳面《きちょうめん》で、家のなかを掃除したり、きれいに片づけたほか、蔵のなかも自分で整頓《せいとん》しておくほどだった。

牧之は風流なことを好んだが、それよりも文を学ぶことを優先させた。むろん、昼間はもっぱら仕事に打ち込んでいたから、夜なべ仕事のあいまに俳句をつくり、文章を書いたのである。

牧之は天明八年（一七八八）夏、十九歳のとき、越後縮を売りさばくために、はじめて江戸へ出た。近隣の仲間と一緒で、宿も同じである。仲間たちは夜になると吉原などの遊里へ遊びにいく。だが、牧之は仲間に誘われても同行せず、書家のもとへ通って書を習ったり、江戸の名所旧跡や江ノ島、鎌倉へ出かけて見聞を広めた。

じつをいうと、牧之は幼いころから耳を病み、難聴になっていた。このため、法螺《ほら》貝《がい》の尖《とが》った部分を切り落とし、聴声器として耳にあてていたが、晩年はほとんど聞こえなくなった。

そうした障害をかかえながらも、牧之は二十代の後半に名作『北越雪譜』を書きあげている。これは越後の雪の観察記録をはじめ、雪国のきびしい暮らしや風俗、越後縮などについて詳述したもので、民俗誌、文学書といってよいものだった。

しかし、書きあげたからといって、すぐに出版されたわけではない。牧之は最初、戯作者の山東京伝のところに話をもち込んだが、さっぱり進展しなかった。つぎに滝沢馬琴が動いてくれたものの、なかなか具体化しなかったのである。

牧之は文政二年（一八一九）、五十歳のとき、耳の治療のため、江戸へ出た。かねてから手紙のやりとりをしていた滝沢馬琴や大田南畝《なんぽ》、儒学者の亀田鵬斎らを訪ね、『北越雪譜』の出版について様子を聞いたが、まったく目処《めど》が立っていない。

牧之は失望し、故郷へ帰った。その後、長い年月を経て、天保七年（一八三六）、やっとのことで具体化する。山東京山（京伝の弟）が打合せのため、息子の京水をつれて、牧之のもとを訪れたのである。

こうして京山が校訂を担当、京水が挿絵を描き、翌天保八年秋、『北越雪譜』がようやく出版された。知られざる雪国の暮らしが挿絵入りで紹介されているこの本は、江戸庶民の好奇心を刺激し、大きな話題を呼んだ。

越後縮の商人として昼も夜もこまめに働きつづけ、そのうえに書を読み、こうした著作をものにした牧之の努力には、脱帽するほかない。

だが、家庭的には恵まれず、妻は六人も代っている。六人目の妻りたは、牧之が天保十三年（一八四二）、七十三歳で死去するまでそばにいたが、あとの五人は一人が死没したほか、四人が離別した。働き尽くめに働き、暮らしは質素このうえない。あまりの勤勉さに、妻も逃げ出したのである。

月にみとれて藩主を忘れる——滝瓢水《たきのひょうすい》

「手にとるなやはり野に置け蓮華草《れんげそう》」

この句を知る人は多いだろうが、作者が滝瓢水という変わり者の俳諧師であることはあまり知られていない。親しい大坂の友人が妓楼《ぎろう》に通いつめ、ついに遊女を身請け

めたのである。

しようとするのを、見ていられなかったのだろう。瓢水はこの句を詠《よ》んで、友人を諫《いさ》句を見るかぎり、さほどの奇人とも思えない。しかし、瓢水は財産を食い潰《つぶ》し、風流に生き抜いたから、世間の人びとは奇人と思った。

瓢水は貞享《じょうきょう》元年（一六八四）、播磨《はりま》国加古郡別府《べふ》村（兵庫県加古川市別府町）で生まれた。生家は千石船を五艘《そう》も持つ回漕《かいそう》業を営む大店《おおだな》で、瓢水は四代目である。俳諧は母方の伯父福田貞斎から学んだ。二十歳のとき、姫路の俳人井上仙山撰《せん》の「当座払い」に投句して入選し、しだいに俳諧師として名をあげていった。

回漕業の大店に生まれ、家業を継ぎながら、使用人に家業をまかせ、もっぱら俳諧にのめり込んだ。江戸、大坂、京都など、贅沢三昧《ぜいたくざんまい》に放浪を楽しみ、京都では御所に招かれ、天皇の前で俳諧を披露したこともある。俳諧の世界では有名人になっていた。だが、瓢水はそうしたことに頓着《とんちゃく》せず、気ままに振舞い、奇行を重ねた。寛延二年（一七四九）には藩主がわざわざ訪ねてきたというのに、ふらりと座をはずし、月にみとれて藩主のことを忘れてしまった。

この年、前橋藩（群馬県前橋市）十五万石の酒井忠恭《ただずみ》は、姫路藩（兵庫県姫路市）十五万石へ国替になった。忠恭は、さっそく新しい領地を巡視したが、領内の別府村に俳諧師として有名な滝瓢水が住んでいることを知り、瓢水の屋敷を訪ねた。

当時、瓢水は六十六歳。放埒《ほうらつ》な暮らしをしてきたため、すでに家業は倒産し、財産は底をついていた。大きな屋敷はあるものの、空き家も同然だったのである。そこに藩主が姿を見せたのだから慌《あわ》てふためくのが普通だろうが、瓢水は平然としていた。

藩主忠恭は、瓢水が天皇の前で俳諧を披露したことを知っていたし、領内に住んでいることを誇りに感じた。だからその貧しさを瓢水の風流と解したのである。

瓢水は忠恭を接待することができない。見かねた村役人たちが酒肴《しゅこう》を運び込んでくる。忠恭は酒を飲みながら、瓢水から俳諧の話などを聞き、上機嫌だった。ところが、まもなく瓢水が座をはずし、なかなか戻ってこない。瓢水は有名な風流人だから、奇行に目くじらを立てると、風流もわからないのかと侮《あなど》られかねない。忠恭はそう思い、辛抱強く待ったものの、ついにしびれを切らして帰っていった。

瓢水が戻ってきたのは、三日後のことである。村役人たちが、どこへいっていたのかをたずねると、瓢水は悪びれずに、「須磨《すま》（神戸市須磨区）の海辺へいって、月を眺めていた」と答えたものだから、あきれ果てた。藩主の忠恭も格別咎《とが》め立てしなかったという。

こうした瓢水の奇行は、とどまるところを知らない。大店だった家業を傾け、千石船や屋敷を手放し、最後に残った土蔵まで売り払ったとき、瓢水はつぎの句を詠む。

「蔵売《くらう》つて日あたりのよき牡丹《ぼたん》かな」

親類縁者からも見放され、父祖三代が苦労して築いた財産のすべてを失い、さすがの瓢水も平然としていられなかったにちがいない。宝暦十二年（一七六二）七十九歳で没した。

生涯つづけた放浪生活——井上井月《いのうえせいげつ》

気ままに俳句を詠みながら、諸国を放浪した井上井月。世の人びとは変人扱いをし、「乞食《こじき》井月」とまでいって蔑《さげす》んだ。しかし、どのような姿をしていようとも、深い学識があり、どことなく品格が感じられたという。

井月は文政五年（一八二二）、越後国長岡（新潟県長岡市）で生まれたが、生家のことやどのように育ったかなど、まったく伝えられていない。しかし、なにか思うところあったのか、三十歳くらいのとき、突如として諸国をめぐる旅に出た。

北越から奥羽《おうう》、上州をめぐると江戸へ。その後は東海道を西へ歩く。駿河《するが》、三河、尾張《おわり》、美濃《みの》、近江《おうみ》を経て京都へ出たあと、大坂、須磨、明石《あかし》まで足をのばした。まるでなにかに憑《つ》かれた、としか思えないように歩いている。

やがて踵《きびす》を返すが、こんどは別の道を歩き、大和から伊賀《いが》、伊勢《いせ》を通り、美濃、木《き》曾《そ》を経て伊那《いな》（長野県伊那市）に足を踏み入れた。井月はこの地が気に入り、腰を落ちつけたが、知人がいたわけではないし、お金を持っていたわけでもない。井月は村人たちの好意に甘え、あちらの家で一泊したり、こちらの家で一泊したりと、家々を泊まり歩いたのである。

井月にとって幸いだったのは、村には俳諧趣味をもつ人が多く、そうした人びとが裕福なことだった。だから井月が立ち寄ると、快くもてなし、井月が語る俳諧や旅先での話に興味深く耳を傾けたのだろう。

井月が伊那にやってきたころ、すでに三十七、八歳だ。それから約二十八年、井月は近くを歩き、句を詠みながら伊那ですごすことになる。

「東風《こち》吹くや子どものもちし風車」

「春の日やどの児《こ》の顔も墨だらけ」

これは伊那で詠んだ井月の句だが、彼の子どもへの温かい目差《まなざし》が感じられる。それに井月は大酒を飲んだわけではないが、酒好きだったから楽しみながらゆっくり飲む。

「山笑ふ日や離れ家の小酒盛」

暮らしは貧しくとも別に気にならない。どこかの家でもらってきた酒を飲めば、心が弾む。村人たちのやさしさが身に沁《し》みて、感謝の気持ちが湧《わ》いてくる。

しかし、井月には働いて暮らそうとか、身なりをきちんとしようという気持ちは、まるでなかった。伊那に姿を現したころ、まだ身なりはひどいというわけではない。くたびれていたとはいえ、紋付に黒羽二重の小袖《こそで》、白い小倉の袴《はかま》をつけていた。ところが、まったくかまわないものだから、年月を経るにしたがって、しだいにみすぼらしくなっていく。それでも意に介さず、句を詠み、好きな酒を飲んだ。

晩年には、かなりひどくなっていた。身につけているのは襤褸《ぼろ》そのものだし、それに小さな行李《こうり》と汚れた風呂敷《ふろしき》包みを振分けにかつぐ、という姿だったという。腰には酒を入れる瓢簞《ひょうたん》が一つ。体も弱っていたのか、歩く足取りも頼りなかった。

こうなると、好意を寄せていた家も、眉《まゆ》をひそめる。家には入れず、軒下で酒食をあたえると、すぐ戸を閉めてしまう。子どもたちのなかには石を投げつける者も出てくる。だが、井月は石が頭にぶつかり、血が流れても、子どもを叱《しか》らなかった。

井月が死んだのは明治二十年（一八八七）三月、六十六歳の生涯だった。前年の師走《しわす》に道端の田のなかに落ち、意識不明となった。村人によって発見され、二年前に弟として入籍させてもらった塩原折治の家に運ばれた。井月は最後に焼酎《しょうちゅう》を飲み、静かに息を引き取ったという。

元祖ガーデニングの人びと

江戸園芸の火つけ役——伊藤伊兵衛

染井吉野《そめいよしの》という桜は生育が早く、枝いっぱいに見事な花をつける。この桜は、染井村（豊島区駒込《こまごめ》）の植木屋伊藤伊兵衛、政武《まさたけ》父子が売り出したものという。江戸の人びとは園芸を好んだが、江戸園芸の火つけ役がこの伊藤伊兵衛だった。

伊藤伊兵衛はもともと露地（庭園）掃除人で、津藩（三重県津市）の江戸屋敷に出入りしていた。屋敷の庭掃除をしながら、不用となった花や樹木をもらいうけ、自分の庭に植えて育て、やがて植木屋になった。

江戸では元禄《げんろく》・享保年間（一六八八〜一七三五）、躑躅《つつじ》ブームが起こったが、その仕掛け人は三代目伊兵衛で、通称を三之丞《さんのじょう》と称した。躑躅は種類が多く、花の色も赤や朱、白、紫、橙《だいだい》などがあって、見て楽しい。また、栽培しやすく、交配によって多様な新種をつくることができるため、庭木として流行したのである。

伊兵衛三之丞がとくに力を入れたのは、霧島躑躅だった。これは九州の霧島山に自生する躑躅で、春に紅色などの花が咲く。彼は、みずから「霧島屋伊兵衛」と名乗り、増やした霧島躑躅を熱心に販売した。そればかりか、つてを求めて東北の深山、琉球《りゅうきゅう》（沖縄）、朝鮮半島などからも珍しい躑躅を集めた。こうして元禄五年（一六九二）には、収集した三百三十七種類の躑躅を分類し、みずから描いた絵や解説をまとめ、『錦繡《きんしゅう》枕《まくら》』という本を出版している。伊兵衛三之丞はたんなる植木屋ではなく、研究熱心な好事家《こうずか》だった。

つぎに楓《かえで》が流行する。楓は秋になると、赤や黄色に紅葉して美しい。しかし、紅葉しないものがあるし、葉が裂けないものや複葉になるものなど、種類が多い。この楓も伊兵衛三之丞、政武父子が流行させた。

とくに政武は新種や変種も含め、百種類以上の楓を栽培したが、元文元年（一七三六）ごろにはたいそう人気を集めた。

染井には伊藤伊兵衛のほかにも植木屋が集まったことから、植木の中心地として広く知られ、多くの人びとが見物にやってくるほどだった。庭師（造園家）や振売《ふりうり》（天秤棒《てんびんぼう》でかつぎ、声をあげながら売り歩く人）、香具師《やし》（縁日商）などは、染井の植木屋から庭木や鉢植えを仕入れて売ったのである。

染井の植木屋のなかでも、伊藤伊兵衛は研究熱心な人物で、江戸の園芸趣味に火をつけ、リードしていた。

向島《むこうじま》百花園生みの親——佐原菊塢《さわらきくう》

江戸時代からつづく向島百花園（墨田区東向島三丁目）は、自然の趣をいかした名庭園で、春の梅にはじまり、夏はさまざまな野草の花が咲く。秋になると、桔梗《ききょう》、女郎花《おみなえし》、萩《はぎ》、薄《すすき》などが美しく、四季折々に野趣あふれる景観が楽しめる。いまも季節の花や風流を求めて訪れる人が多い。

この向島百花園を造園したのは佐原菊塢だが、彼もなかなかの変わり者だった。

菊塢は宝暦十二年（一七六二）、仙台で百姓の子として生まれたが、天明の飢饉《ききん》で暮らしに困窮し、二十二、三歳のときに江戸へ出て、中村座の芝居茶屋「和泉屋《いずみや》」に奉公した。

そこで人脈を広げる一方、金をため、やがて十年ほどのち、住吉町《すみよしちょう》（中央区日本橋人形町）で骨董屋《こっとうや》を開く。これを機に北野屋平兵衛《きたのやへいべえ》と名乗り、歌人で国学者の加藤千蔭《ちかげ》や村田春海《はるみ》、儒学者の亀田鵬斎《かめだほうさい》、狂歌師で戯作者の大田南畝《なんぽ》、漢詩人で書家の大窪《おおくぼ》詩仏《しぶつ》、画家の酒井抱一《ほういつ》や谷文晁《ぶんちょう》、茶人の川上不白《ふはく》ら、多くの歌人や文人、画家たちに引き立てられ、店は繁昌《はんじょう》した。

ところが、骨董の道具市を催したことが奉行所の咎《とが》めをうける。骨董の愛好家を集めての競《せ》り市、いまでいうオークションだが、これが賭事《かけごと》とみなされ、捕縛されたのである。結局は無罪として赦《ゆる》されたが、彼はあっさりと商売をやめて隠居し、本所中之郷《ほんじょなかのごう》（墨田区向島）に住んだ。四十歳ごろのことだった。

このときに剃髪《ていはつ》して菊屋宇兵衛と改名、これを短くつめて「菊宇」と称した。彼は世捨て人を気取ったのだが、亀田鵬斎に「帰空《ききくう》のほうがいい」とからかわれた。しかし、「空へ帰る」では、死が連想されて具合が悪い。そこで「菊塢」としたのである。

菊塢にはやりたいことがいろいろあったが、園芸を楽しむために、寺島村の三千坪（約九千九百メートル）の土地を買い取った。すでに絶家《ぜっけ》していた旗本多賀家の屋敷跡だが、菊塢はみずから鍬《くわ》をもって土地を耕すと、交遊のあった文人墨客に声をかけ、梅の木を一本ずつ寄付してもらい、三百六十本を植えた。そのあと、菊塢は自分で金を出し、萩や桔梗、尾花《おばな》、苅萱《かるかや》など、秋の草を植えていった。さらに、東屋《あずまや》を建てたから、文人墨客たちはまるで自分たちの別荘ができたように思い、ここに集まっては閑談し、詩文をつくったりした。

大田南畝が「花屋敷」の額を書き、詩仏は「春夏秋冬花不断《はなたえず》」「東西南北客《きやくあらそつて》争来《きたる》」の聯《れん》を書いて掛けた。聯とは、柱の左右に相対して飾る細長い書画の板や提灯《ちようちん》などである。

向島百花園は文化元年（一八〇四）、当初は梅園として開かれたが、菊塢と親交のあった文人墨客たちの協力によって、かたちづくられていった。実際、彼らの盛名やその揮毫《きごう》が評判になり、江戸中から多くの人びとが訪れた。

しかし、いまのように入園料をとるわけにもいかない。そこで、菊塢は茶代をとったり、実がなると梅干をつくって売った。千蔭が掛行灯《かけあんどん》に「お茶きこしめせ、梅干もさむらふそ」と書いて掲げた。

菊塢は後半生を庭園づくりに傾けたが、しかし、それはたんに隠居の道楽ではなかった。一日の茶代が一両近くあったというから、いまの貨幣価値で約十万円。なかなかの商才である。天保二年（一八三一）、菊塢は七十歳で没したが、向島百花園はいまに残り、多くの人びとが訪れている。

朝顔に賭《か》ける執念——山崎留次郎

江戸の入谷《いりや》（台東区）で植木屋を営む山崎留次郎も、奇人の一人である。成田屋留次郎と称し、入谷朝顔の中興の祖とされるが、朝顔に賭ける執念はじつにすさまじい。

留次郎は文化八年（一八一一）、浅草の植木屋の次男として生まれている。三十七歳のとき、入谷で独立し、植木屋をやりながら朝顔の栽培に情熱を傾けた。屋号を「成田屋」としたのは、八代目市川団十郎のファンだったからである。

当時は、珍しい花や葉の形をつくり出す変化朝顔が流行していた。留次郎もなんと

かして朝顔の珍花を咲かせたいと思い、好事家たちから金を集め、珍しい朝顔を手に入れるために大坂へ赴く。

とくにあてがあるわけでもなかったが、あちこち歩きまわったすえ、やっとのことで珍種の朝顔を栽培している人物を探し出す。留次郎は頼み込み、約八十品種の種子を二粒ずつ、五十両で買い入れた。一両十万円で単純換算すると、なんと五百万円である。平均して、一品種二粒で六万二千五百円だから、いかに高値を呼んでいたかがわかるだろう。

留次郎は急いで江戸へ戻ると、出資した好事家たちに種子を分け、みんなで栽培した。ところが、せっかく多額の金を出して手に入れたのに、珍花は咲かず、いずれも平凡な花ばかり。仲間たちは落胆した。

しかし、留次郎はそれにもめげず、ふたたび大坂へ赴き、珍しい花を咲かせた朝顔の種子を買い入れてくる。その種子を出資者に分け、栽培した。こうして何年かたって、やっと見事な珍花を咲かせることができたのである。

いま朝顔といえば、ラッパ型の花がほとんどだが、江戸時代には花弁が長く、いくつにも分かれて垂れさがっていたり、火炎のように花弁がちぢれて上方に開くなど、これが本当に朝顔なのか、と疑いたくなるものが多い。

留次郎はそうした変化朝顔に情熱をそそぎ、朝顔ブームをつくった。みずから花合わせ（品評会）を催すほか、朝顔図鑑の出版にも尽力している。

いまでも柿色《かきいろ》の大輪花「団十郎」の人気は高いが、これをつくったのも留次郎だ。留次郎が市川団十郎のファンだったことは先に述べたが、みずからつくり出した新種にその名をつけたのである。江戸庶民にも人気が高かった。

珍種植物を収集の旗本——水野忠暁《ただあき》

植物好きといっても、菊を好む人や躑躅《つつじ》を好む人などさまざまだが、なかには斑入《ふいり》植物を好む人もいた。

斑入植物というのは、普通の葉や茎のように緑色の濃淡ではなく、葉や茎に斑模様《まだら》のあるものだ。突然変異として生じるだけに珍しく、稀少《きしょう》価値があると、好事家の人気が高い。

五百石取りの旗本水野忠暁は、明和四年（一七六七）生まれで、四谷《よつや》に住んでいた。根っからの風流人で、多くの画家や文人とも交流していたが、人と同じことをやっていたのではつまらない。そこで斑入植物の収集をはじめた。

斑入植物の人気は、唐橘《からたちばな》からはじまった。ごくありきたりの常緑樹で、小さな白い花が咲くが、とくに美しいというわけでもない。口径わずか五寸（約十五センチ）ほどの鉢に植えられるが、唐橘には変種が多く、とくに葉は縮緬《ちりめん》葉とか、斑入葉など奇品が生じやすい。

寛政八年（一七九六）には江戸で唐橘が異常な人気を呼び、大名や旗本から庶民にいたるまで熱中した。好事家たちは、葉の形の珍奇なものや斑入などを得意になって見せ、自慢しあっていた。やがて異常なほど人気が沸騰《ふっとう》し、一鉢三十両から五十両は当たり前で、百両のものも珍しくないという状況になった。一両十万円とすれば、三十両は三百万円、百両は一千万円である。

珍しい唐橘が盗賊にねらわれるという事件さえ起きた。このため幕府は寛政十年（一七九八）八月、鉢植えを高値で売買することを禁じたほどだった。

珍しい植物は投機の対象となる。水野忠暁は風流人だから、そう考えたかどうかわからないが、幕臣仲間の栗原信充《くりはらのぶみつ》、出入りの植木職人金太《きんた》らとともに、珍奇植物、斑入植物を積極的に集めた。忠暁が斑入植物を集めていることを知った連中は、山野へ出かけ、珍しい斑入植物を見つけてきては忠暁のところに持ち込むようになった。忠暁はこうして、三千種ほどの斑入植物を収集した。むろん、鉢植えだから手入れなどに時間が取られるし、その苦労も並み大抵ではない。だが、忠暁は文政十二年（一八二九）、斑入植物の研究書『草木錦葉集《そうもくきんようしゅう》』まで出版している。

旗本がこのように斑入植物に熱中できたのも、平和であればこそだろう。忠暁は収集や研究をしただけでなく、鉢を増やし、「留蔵」の名を使って商売までしている。おかしな旗本もいたものだが、天保五年（一八三四）、六十八歳で没した。

江戸雀《すずめ》を騒がせた吃驚《びっくり》人間

口から芳香を出す男——番味《ばんみ》孫《まご》右衛《えもん》門

江戸には多くの不思議な人物がいたが、大田南畝《なんぽ》（蜀山人《しょくさんじん》）の『半日閑話』に登場する番味孫右衛門もその一人だった。松平忠宗の家臣で、なんと口腔《こうこう》から芳香を出しつづけるというのだから不思議である。

ある日、孫右衛門が自宅で昼寝をしていたところ、美しい天女が舞い降りてきて、ふいに孫右衛門の口を吸った。はっと目覚め、あたりを見まわしたが、だれもいない。天女に接吻《せっぷん》されるとは、思いもかけない夢だし、恥ずかしいので、だれにも話さないでいた。

ところが、孫右衛門がなにかを話すと、口のなかからなんともいえぬ芳《かぐわ》しい匂《にお》いが漂うようになった。同僚たちは不審に思ったが、あるとき、親しい友がそのわけをたずねた。

「おぬしは嗜《たしな》み深いな。なにか、匂いの玉でも口に含んでいるのか」

孫右衛門は恥ずかしそうに「そうではない」と否定したが、友は「隠さなくてもよいではないか」とつめ寄る。やむなく孫右衛門は夢のことを話した。

「じつは先日、思いもかけぬ美しい天女の夢を見た。そのとき、わしは天女に口を吸われたが、それからというもの、口の中によい香りが残って消えないのだ。不思議なことだが」

親しい友はおどろいたが、孫右衛門が真剣なので信じるしかないものの、不審はつのるばかりだった。

孫右衛門は美男というわけでもないし、格別の取り柄もなかった。それなのになぜ、美しい天女が舞い降り、孫右衛門に接吻したのかわからない。しかも、口の中から芳香が漂うというのも不思議である。

人間の体臭は人さまざまだが、その一種なのだろうか。あるいは、天女に接吻されたことで、孫右衛門は体内で芳香を合成する特異体質に変わったのだろうか。原因は謎《なぞ》のままだが、孫右衛門の口中からの芳香は、生涯消えなかったという。

頭髪から火を発する――ある家で働く女

信じがたいことだが、江戸には頭髪から火を発する女もいた。江戸前期、中山三柳《さんりゅう》が書いた『醍醐随筆《だいごずいひつ》』に出てくる女である。彼女はある家の下女だったが、日が暮れて仕事を終え、自分の部屋へ戻ると、寝る前に櫛《くし》で髪をとかすのが習慣になっていた。ところが、ある日、どうしたことか、櫛でとかすたびに髪のあいだから火の粉がこぼれ落ちた。

おどろいた彼女は、ふいに手をとめる。すると、火の粉は消えて見えなくなった。しかし、ふたたび櫛を動かすと、まるで無数の蛍が乱舞するかのように、火の粉が四方に散った。

下女はあまりの奇怪さに、泣きながら主人に訴えたのだが、主人も話だけでは信じられない。そこで試しに彼女の髪をとかしてみると、やはり火の粉が飛び散った。

「これは妖怪《ようかい》のしわざにちがいない。この女に妖怪が取り憑《つ》いたのだ」

主人ばかりか、家の者たちが恐怖におののき、屋敷中が大騒ぎになった。こうなると、下女を追い出すしかない。彼女にはなんの罪もないのに、暇を出されてしまった。

なぜ、彼女が頭髪から火を発するようになったのか、『醍醐随筆』は原因についてふれてはいない。光を放つといえば、ヒカリゴケを思い出すが、頭髪にそうしたものが繁殖するのは考えにくい。やはり、なんらかの電気的現象と思えるが、その仕組みは謎である。

鯉《こい》を生け捕る電気人間——大老の家臣、弥五郎

電気といえば、ひとたび触れると、人間であれ動物であれ、全身がしびれて動けなくなるという電気人間がいた。寛永年間（一六二四〜四三）、大老酒井忠勝に仕える弥五郎という男である。

随筆『責而者草《せめてはぐさ》』（作者不詳）に出てくる人物だが、弥五郎は鯉とりの名人で、隅田川に入って鯉に抱きつき、生け捕りにするのが得意だった。普通なら素手で鯉を捕まえるなど、容易なことではない。

しかし、弥五郎の手にかかると、不思議にも鯉はおとなしく捕まった。彼は異常体質というか、体内から電気を発し、鯉をしびれさせ、動けなくしてしまうのである。

生け捕りにした鯉は、忠勝へ届けた。忠勝も「鯉は生け捕りにしたものが一番うまい」といって、弥五郎が捕った鯉を三代将軍家光に献上したり、諸大名への贈物にした。

弥五郎は、あばれている腕自慢の力士をとり鎮《しず》めたこともある。丸山仁太夫は背丈が七尺六寸（約二・三メートル）、体重四十二貫六百匁（約百六十キロ）という巨漢で、怪力の持ち主だった。

あるとき、丸山仁太夫が酒に酔い、大あばれをしていた。むろん、だれも恐ろしくて手が出せない。そこに通りかかった弥五郎は、無造作に仁太夫の背中にしがみついた。すると、酒に酔って朱色に染まっていた仁太夫の顔はたちまち青ざめ、額に大粒の汗が吹き出し、全身が悪寒《おかん》に襲われたかのようにふるえ出した。やがて仁太夫はばったりと倒れ、気絶してしまった。まわりで見ていた人びとは、「ほーっ」と嘆声をあげ、弥五郎を驚異の目で見つめた。巨漢の背中にしがみついただけで、卒倒させてしまったのだからそれも無理はない。

弥五郎の不思議な力は、それだけでなかった。弥五郎が病人に抱きつくと、どのような難病の人でも治ってしまったのである。

弥五郎が子どものころ、荒川が氾濫《はんらん》し、逃げ遅れた母親が濁流に巻き込まれ、溺死《できし》するということがあった。弥五郎は母の死体にとりすがって、泣き明かす。ところが、翌朝、不思議にも死んだはずの母が生き返った。このことによって、弥五郎は難病の人を治す力をもっていることに気づいた。

しかし、弥五郎は生死の境をさまようほど苦しむ病人なら抱いて治したが、普通の病人がいくら大金を積んでも抱かなかった。病人を抱くと、精気を消耗するからだという。

人間には発電器官がないし、ごく微量の電気が流れているとはいえ、感電させるほどのものではない。やはり弥五郎も不思議な力をもつ異常体質だったようだ。

透明人間になる甲賀忍者——芥川九郎右衛門《あくたがわくろうえもん》

古典的なSFの世界には透明人間が登場するが、江戸後期のわが国では本物の透明人間が存在した。松本藩の芥川九郎右衛門という甲賀忍者である。

天明三年（一七八三）、隣の諏訪《すわ》藩でお家騒動が起き、家老の千野兵庫が重臣たちに欺《あざむ》かれ、牢屋《ろうや》に監禁されてしまった。家老の救出を依頼された九郎右衛門は、特殊な薬を使って姿を消し、厳重に警戒している牢屋へ忍び込む。

さらに家老にも薬をあたえて透明人間にし、だれにも見とがめられることもなく脱出させた。SFの話ならともかく、現実に薬を使い、体が消えて見えなくなるなど、本当にできるものだろうか。

こうした九郎右衛門の逸話は『見聞雑録』という書に紹介されているが、さらにつぎのような不思議な話もある。

ある夜、藩主が酒宴の席で、九郎右衛門に「座興になにか忍びの技を見せよ」と所望したところ、九郎右衛門は「承知つかまつった」と答えたものの、そこから動かず、額を畳にすりつけているばかりだった。

居並ぶ人びとも九郎右衛門の妙術に期待したが、なにもせずに平伏している姿を見て、不審に思っていた。なかには忍び笑いをもらす者もいる。ところが、藩主の席近くで舞っていた二、三十人の女たちが、ふいに悲鳴をあげ、袂《たもと》で顔をおおいながらその場にうつ伏したのである。

なにごとが起きたのかと、人びとが注目すると、不思議なことに、彼女たちの頭上から赤い腰巻がひらひらと落ちてきた。人びとはわけがわからず、不審げに九郎右衛門を見ると、彼は依然として平伏したままだった。

じつをいうと、九郎右衛門は一瞬のうちに彼女たちの腰巻を同時に剝《は》ぎ取り、頭上に放り上げたのである。しかし、あまりの素早さに、九郎右衛門の動きが目にとまらず、平伏しているままに見えたのだ。あとで九郎右衛門から種明《たねあか》しされて、その妙術に唖然《あぜん》とした。

平戸藩主松浦《まつら》静山《せいざん》の『甲子夜話《かつしやわ》』によると、九郎右衛門が行なった人体を透明にする術は、特殊な薬品を体に塗り、他人の目に見えないようにするバラモン系の魔法だという。そのような秘薬が本当にあったのだろうか。九郎右衛門は透明人間になるばかりか、妖《あや》しい術をいくつももつ超能力者だった。

奇想天外な超能力少年——天狗小僧寅吉《てんぐこぞうとらきち》

「天狗小僧」の異名をもつ寅吉は、大人たちがおどろく超能力少年だった。

寅吉は文化三年（一八〇六）十二月晦日《みそか》寅の刻（午前四時）、池之端《いけのはた》七軒町（台東区池之端）で生まれた。その年も、月や日、時刻までもが寅だったことから、寅吉と名づけられた。

じつに不思議な子どもで、すでに五、六歳のころから予知能力を発揮した。上野広小路《ひろこうじ》の火事や父の怪我《けが》、盗難事件など、事が起こる前に告げたところ、実際にその通りの事件が起こったのである。

大人たちはおどろいたが、どうして事前にわかるのか、にわかには信じがたい。ある男が「なぜ火事が起きるとわかったんだい」とたずねると、寅吉は「前の日に広小路が燃えているのが見えました」と答えたという。

文化九年（一八一二）四月、寅吉が七歳のときのことである。近くの五条天神境内で遊んでいたところ、薬売りの老人が商いを終え、並べていた薬を片づけはじめた。寅吉が見ていると、老人は小さな壺《つぼ》に薬や敷物までを入れ、最後にはみずからも壺のなかに入り、姿を消したのである。壺はあっというまもなく、空の彼方《かなた》へ飛び去っていった。

寅吉は呆然《ぼうぜん》としたが、好奇心を抑えることができない。翌日、境内にいってみると、やはり老人が薬を並べている。毎日、顔を合わせているうちに、老人から「わしと一緒に壺に入らぬか。面白いところを見せてやるぞ」と誘われたのである。

寅吉はつい好奇心をかき立てられ、老人と一緒に壺に入ってみた。壺は空を飛び、寅吉が気づいたときには、常陸国《ひたち》（茨城県）の南台丈《なんだいじょう》という山に着いていた。その後、寅吉は常陸の岩間山につれていかれ、諸武術や祈禱《きとう》術、医薬の製法、占術など、四年間にわたって修行し、超能力を身につけていったという。さらに各地へ飛行したのをはじめ、唐土《もろこし》（中国）や天竺《てんじく》（インド）にまで飛んでいき、見聞を広めた。

その間、たびたび江戸へ帰ってきて、失《う》せ物を探し当てるなど、占術で異能を発揮した。しかし、あまりにもたびたび家を留守にするので、世間では「天狗にさらわれた少年」と噂《うわさ》しあった。異称の「天狗小僧」は、そこから生じたわけである。

文政三年（一八二〇）、十五歳のとき、寅吉の超能力は広く知れ渡り、紛失物のありかや富くじの当たり番号を訊《き》きにくる者があとを絶たなかったという。

下谷《したや》長者町（台東区上野三丁目）で薬種商を営む新兵衛は、寅吉に興味を抱き、寅吉を説得して同居させた。新兵衛は家業を妻や子どもにまかせ、読書や執筆に明け暮れた山崎美成《よししげ》の名で知られる。博覧強記の人だが、寅吉の超能力を深く知りたいと思い、自宅で研究会を開くほどだった。

そこに顔をそろえたのは、幕府右筆《ゆうひつ》をつとめた国学者の屋代弘賢《やしろひろかた》、その友人の国学者平田篤胤《ひらたあつたね》、農政学者佐藤信淵《さとうのぶひろ》らである。とくに熱心だったのは平田篤胤で、彼は寅吉を自宅へ招き、寅吉が訪れた幽冥界《ゆうめいかい》について、熱心に質問した。やがて文政五年（一八二二）、篤胤は『仙境異聞』を著した。

しかし、それにしても寅吉は変わった人物である。当時から、寅吉の奇想天外な話は山崎美成の演出ではないのか、と疑問視する声もあったが、信じられなかったとしても無理はない。それほど不思議だった。

その後の寅吉だが、二十代になると異能はすっかり消え失せてしまった。平凡な人物になり、晩年は風呂屋《ふろや》の主人になった、とも伝えられるが、よくわからない。

石・草木・雪に惹《ひ》かれた好奇心

石に生涯を捧《ささ》げる――木内石亭《きのうちせきてい》

奇石、珍石といっても、ただの石ではないか。普通はそう思いがちだが、奇石や珍石の愛好家にしてみれば、石の魅力は筆舌に尽くしがたく、自慢の奇石を持ち寄り、品評会を開いたりしている。江戸時代にも、そうした奇石愛好家がいた。変人奇人扱いされたようだが、木内石亭はひたすらわが道を歩き、近世奇石家の祖と称されるまでになった。

木内石亭は享保《きようほう》九年（一七二四）、近江《おうみ》国志賀郡坂本村（大津市下阪本）に生まれた。名を重暁《しげあき》という。母の実家、木内家は膳所《ぜぜ》藩（大津市）の代官をつとめていたが、石亭は二十歳のとき、木内家の養子となってあとを継いだ。

石を愛《め》で、奇石を収集するというのは、たいてい成人になってからはじめるが、石亭の場合、十一歳のころから奇石を見たり、集めることが好きだった。奇石にたいする執着心は、尋常ではなかったといってよい。

長じては三十余国をめぐり歩き、奇石や珍石があると聞けば、どのような山深いところでも入っていった。

当時は全国的に石ブームで、各地に奇石珍石の収集家が多かった。石亭はみずから採石する一方、諸国の収集家と交換したりして、奇石珍石を増やしたのである。石亭の評判を聞きつけて、珍しい石を売りにくる者もいたが、気に入れば買い取った。相当に無理をして手に入れた珍石などは、つねに肌身離さず、愛玩《あいがん》した。石亭の暮らしぶりは、石よりほかに楽しみはない、というありさまだった。

石亭は「石の長者」と呼ばれたほどだが、石亭が収集した石は二千を超え、とくに珍種といえるものは二十一種あったという。それは葡萄《ぶどう》石、天狗爪石《てんぐのつめいし》、金剛石、木化玉、石瓜、石梨、石卵、青玉髄、黄玉髄、赤玉髄、白玉髄、黒玉髄、貯水《みずいり》紫水晶、貯水白水晶などだった。

ほかに貝化石を百個もっていた。自然の石だけでなく、石鏃《せきぞく》（縄文・弥生《やよい》時代の石製の鏃《やじり》）も千個はあった。石亭の関心の広がりがうかがえる。石鏃は人間がつくったもの、という説を唱え、考古学の先駆者ともいわれる。

むろん、ただ石を集め、部屋のなかに置いておくだけでなく、すべてを分類整理し、台に乗せて飾ったり、箱に収めたりして、手入れを怠らなかった。石亭は収集家であるだけでなく、石の研究家でもあったのである。

さらに弄石社《ろうせきしゃ》を結成し、全国的な愛石家の指導者の役割を果たしたほか、平賀源内や木村蒹葭堂《けんかどう》といった博物学者とも親しく交際した。

石亭は安永二年（一七七三）六月、それまでの研究成果をまとめ、『雲根志《うんこんし》』前編五巻を出版した。「雲根」とは「雲は岩石に触れて生じる」との説に由来する石の異称である。この本は、珍しい石の博物誌で、石の図や解説をはじめ、石に関する奇談や聞書きなど、あらゆる石の話が記されていた。

いくら珍しいとはいえ、石を集めるなど物好きのやることだし、このようなことに生涯を賭けるなど馬鹿《ばか》げている、と嘲《あざけ》る人は少なくない。しかし、石亭はそうした連中を歯牙《しが》にもかけず、収集と研究に没頭した。

その後、『雲根志』は安永八年（一七七九）に後編六巻を、享和元年（一八〇一）には三編六巻を刊行している。石亭の態度は、しだいに学問的になった。文化五年（一八〇八）、八十五歳で生涯を終えた。

博物学の目を開かせた奇人——稲生若水《いのうじゃくすい》

わが国に博物学ブームを引き起こしたのは、元文三年（一七三八）、博物百科事典ともいうべき『庶物類纂《しょぶつるいさん》』が完成してからのことだ。編者は加賀藩士で本草《ほんぞう》学者の稲生若水だが、彼は江戸中期を代表する奇人の一人といってよい。

若水は明暦元年（一六五五）、淀《よど》藩（京都市伏見区）の医官稲生恒軒《こうけん》の子として、江戸藩邸で生まれた。生まれつき好奇心が旺盛《おうせい》で、すぐれた才能をもっていたという。十一歳のとき、大坂へ出て医学や本草学を学んだあと、十六歳で京都に移り、儒学を習った。しかし、延宝年間（一六七三〜八〇）、主家の永井氏が断絶、若水は浪人になったのを機に京都で塾を開き、門弟に教授しながら本草学の研究生活をはじめた。これが二十六歳のときである。

若水が本草学に強い関心を抱いたのは二十二、三歳のころで、中国の『皇明経世文編』を読んだことがきっかけになっている。この書には、

「日本に不足なものはなにもないが、ただ薬物は産しない。このため、明国《みんこく》から薬物を輸入している」

とあった。考えてみるとその通りで、盛んに中国から長崎へ、薬物が運び込まれていた。現実はそうなのだが、若水は疑念を抱いた。

「日本の自然をよく見ると、薬物となる植物や動物、鉱物がないとは思えない。よく調査してみれば、日本にも明国に劣らず、多くの薬物があるはずだ」

そう思うと、若水はこれまでの本草学を網羅し、しかも古来の真偽を正したうえで、本草学の大著を完成させ、逆に中国へ送り込んでやる、と決心したのである。だが、そう意気込んでみても、若水は浪人だったから、経済的にも時間的にも著述に取り組む余裕がなかった。

やがて、若水のもとに朗報が届く。好学の大名として知られる加賀藩（金沢市）主

前田綱紀《つなのり》が、若水を召し抱えるといってきたのである。若水は綱紀の理解をえて、研究に没頭できるようになった。その研究成果は元禄《げんろく》七年(一六九四)には『金沢草木録』、翌八年には『食物伝信纂《しょくもつでんしんさん》』としてまとめ、綱紀に献上した。

当時、本草学を志す者は、中国明代の李時珍《りじちん》著『本草綱目《ほんぞうこうもく》』を学んだが、寛永十四年(一六三七)には訓点をつけ、日本でも出版されていた。しかし、この書物が完璧《かんぺき》なものかというと、決してそうではない。そのことに気づいていた綱紀は、元禄十年(一六九七)、若水に『本草綱目』を超えるような本草学のすぐれた作品を完成させるよう命じた。

若水は、こうして『庶物類纂』に取り組んだ。この書は中国の書物から動物、植物、鉱物などに関する記事を集めたものだが、若水は実証的なところがあったから、実際に山野に出かけ、みずから動植物を調べた。遠方のものについては、実物を取り寄せ、確認している。この結果、中国の書物に出てくる動植物のうち、約千二百種は日本にもあることがわかった。

たいへん根気がいるし、行動力も欠かせない。だが、普通の庶民から見れば、若水は変人としか映らなかったろう。こうした仕事はなかなか理解されないが、無理がたたったのか、若水は病に倒れ、正徳《しょうとく》五年(一七一五)七月六日、志半ばにしてこの世を去った。六十一歳である。

若水の計画では、全三千巻におよぶ厖大《ぼうだい》なものだったが、できあがったのは三百六十二巻まででしかない。若水とすれば、いかにも心残りだったにちがいない。綱紀もそれを惜しみ、若水の弟子内山覚仲《かくちゅう》らにつづけさせたが、享保《きょうほう》九年（一七二四）には綱紀も死去してしまった。

八代将軍吉宗《よしむね》は『庶物類纂』に関心を抱き、未完の大著を加賀藩から取り寄せると、これを幕府の事業として引き継ぎ、享保十九年（一七三四）から再開した。

編集にあたったのは、若水の門弟丹羽《にわ》正伯《せいはく》、内山覚仲、若水の三男新助で、元文三年（一七三八）に六百三十八巻が完成し、若水が完成させたものとあわせて千巻となった。さらに正伯は、補巻として五十四巻をまとめ、延享四年（一七四七）十二月五日にすべての作業が終わった。若水が死んで三十二年後のことである。

七十代で五度の採集旅行――小野蘭山《らんざん》

植物が好きだという人は、いくらでもいるが、小野蘭山は並みはずれていた。偉大なる奇人といってよい。

蘭山は名を職博《もとひろ》といい、享保十四年（一七二九）、京都で生まれたが、十一歳のとき、中国の植物書『秘伝花鏡』を読破したばかりか、それに魅了され、すべてを写してしまった。

さらに十三歳で稲生若水《いのうじやくすい》の弟子である松岡恕庵《じょあん》に師事し、本格的に本草学を学びはじめた。生まれつき学問好きのうえ、懸命に研究に打ち込んだから抜群の学力を身につけた。やがて二十五歳のとき衆芳軒と称する私塾を開いたのである。

しかし、衆芳軒で講義する以外は、ひたすら本草学の研究に没頭した。出かけるといえば植物採集のときだけで、それ以外は六畳一間の書斎に閉じこもっていた。寝るのは夕方の戌《いぬ》の刻（午後八時ごろ）だが、深夜の丑《うし》の刻（午前二時ごろ）には起き出して勉強したという。世間のことにはまったく関心を抱かず、家計のことや弟子たちが納める謝礼など、すべては召使にまかせきりだった。

当時、本草の専門学者はきわめて少ない。そのため、幕府は蘭山のすぐれた学識を高く評価し、幕府医官に任用しようと、江戸へ召し出した。寛政十一年（一七九九）、七十一歳のときのことである。

普通なら大喜びするところだが、蘭山には出世欲がないし、ひたすら学問することを望んでいたから、幕府への仕官は迷惑だった。しかし、幕命とあれば断ることもできない。江戸へ出て、医学館で本草学を教授することになった。医学館は幕府が経営するもので、官医やその子たちの教育機関である。江戸での暮らしは、孫の職孝《もとたか》とその妻に世話になっていた。

蘭山はそのほか、五度にわたって採集旅行に出かけている。第一回目は享和元年（一八〇一）、七十三歳のときのことだ。高齢にもかかわらず、すこぶる意気軒昂《けんこう》で、江戸から筑波山《つくばさん》、日光、男体山《なんたいさん》など、四十一日におよんだというから、蘭山は壮健な老人だった。

その年の秋には、第二回目の採集旅行に出かけている。目的地はすでに雪が降りはじめた富士山で、六合目まで登った。

第三回目は翌享和二年。江戸から大坂へ赴き、さらに伊勢《いせ》、奈良、京都をめぐった。帰途は中山道《なかせんどう》を通り、信州から江戸に戻ったが、九十六日間におよぶ大旅行だったにもかかわらず、蘭山は疲れを知らぬかのようだった。

第四回目は文化元年（一八〇四）、蘭山は七十六歳になっている。それでも、東海道を府中（静岡市伝馬町《てんまちょう》）までいったが、あいにく安倍川《あべかわ》が氾濫《はんらん》して渡れず、休止した。しかし、その後、桑名、大垣、木曾《きそ》をめぐり、中山道を歩き、江戸へ戻った。

第五回目は、翌文化二年六月である。熊谷《くまがや》から妙義山、伊香保《いかほ》など北関東を、二十日間かけて踏査した。

蘭山は各地で植物の採集調査をする一方、それぞれの地に住む弟子たちに講義をしている。たいそう困難な旅だったようだが、しかし、この調査によって、各地の植物の生態がかなり明らかにされた。

蘭山の弟子たちは、蘭山の講義を筆記していたが、孫の職孝がこれを編集し、享和三年（一八〇三）二月、『本草綱目啓蒙《けいもう》』と題して出版した。これは蘭山の長年の研究成果といってよく、三年後の文化三年（一八〇六）に全四十八巻が完成する。たんに植物だけでなく、広く博物学の領域に踏み込んだ著作で、すぐれた博物誌として高く評価された。

その後、蘭山は『広参説』を執筆中、病に倒れたが、病床にありながら最後まで書き上げているから、おどろくべき執念といってよい。しかも、死のまぎわまで訂正を加えていたが、やがて衰弱して、筆をもてなくなる。それでも孫の職孝に命じ、修正をつづけていたさなかの文化七年（一八一〇）一月二十七日、息を引き取った。八十二歳だった。

わが国初の植物図鑑を完成――岩崎灌園《かんえん》

わが国で最初につくられた植物図鑑は『本草図譜』だが、これをまとめたのは幕臣で本草学者の岩崎灌園である。

灌園は天明六年（一七八六）、江戸下谷《したや》（台東区）で生まれた。名を常正《つねまさ》という。父は七十俵五人扶持《ぶち》の幕府の下級武士で、灌園も二十三歳のとき、幕府に出仕して父のあとを継いだ。

武士の子として生まれたにもかかわらず、灌園は少年のころから植物が好きでたまらなかった。多くの植物を採集し、それを自宅の庭に植えて研究したのである。植物の成育状況や生態を調べるほか、精密に写生した。

さらに、相模大山《さがみおおやま》（神奈川県）、下野《しもつけ》日光山（栃木県）などをはじめ、江戸周辺を歩いて植物の調査をしたり、採集をした。こうした旅は、長年にわたってつづけている。その間、小野蘭山《らんざん》に師事して、本草学を学んだ。

灌園は文政元年（一八一八）、三十三歳のとき、『草木育種《そうもくそだてぐさ》』上下二巻を出版している。上巻は土壌、肥料、除虫、植樹など、栽培についての総論で、下巻は穀物、野菜、果樹、薬草、花木《かぼく》の百八十五種を取りあげた各論である。細密な図を中心に解説され、容易に理解できるようになっていた。

実際に工夫をこらしながら、植物を栽培し、研究した成果だった。やがて庭の植物が増えすぎて、手ぜまになると、幕府から小石川（文京区）に土地を借り、栽培と研究をつづけた。

そうした一方、本草学の講義を行なったし、文政十一年（一八二八）からは自宅を「文玄堂《ゆうげんどう》」と称し、定期的に本草会を開いた。

同じ文政十一年十二月に『本草図譜』の一部が完成したが、これは文化元年（一八〇四）に着手したというから、二十四年の歳月をかけたことになる。

灌園には絵の才能もあって、少年のころから植物を描きつづけてきたため、植物の写生がじつに巧みだった。『本草図譜』には二千種を超す日本の植物が収録されているが、みずから写生した細密な彩色図は、見事というほかない。彩色図のほか、部分名称や生態など、説明がつけられてある。

灌園は植物のなかでも、とくに薬草に興味を抱いていた。そのため、前半は薬草を中心にしているが、園芸植物を忘れたわけではない。なかでも蓮《はす》は四冊、椿《つばき》、木槿《むくげ》はそれぞれ一冊をあて、多くの品種を紹介した。分類は、師の小野蘭山が著した『本草綱目啓蒙』にしたがった。

『本草図譜』は、天保元年（一八三〇）に巻五から巻十までが出版され、その後、弘《こう》化《か》元年（一八四四）に九十六巻が完結した。出版だけで十四年かかったわけである。

こうして灌園は、わが国で最初の植物図鑑を世に送り出したが、これは江戸期における植物分類学上の一大著作と高く評価されている。しかし、灌園はその出版の完結を見ることができなかった。完結の二年前、天保十三年（一八四二）、五十七歳で没した。

薩摩《さつま》芋《いも》の試作に成功――青木昆陽《こんよう》

薩摩芋栽培に成功し、「甘藷《かんしょ》（薩摩芋の別称）先生」といわれた青木昆陽は、じつをいうと江戸日本橋（中央区）の魚問屋の息子として、元禄《げんろく》十一年（一六九八）に生まれた。ところが、昆陽は生来学問好きだったから家業を継がず、京都へ出て伊藤東涯《とうがい》の古義堂に入門、儒学を学んだ。

のちのことだが、ある人が、

「せっかく魚問屋の株をもっていらっしゃるのに、どうしてそれを捨てて学者になったのですか」

と尋ねたところ、昆陽は実直な口調で、こう答えたという。

「魚問屋というのは正直いって、儲《もう》かる商売ですよ。しかし、役者に幕を贈るとか、力士に回しを贈るとか、つきあいもたいへんなのです。それに夏場など、魚が腐ったりして損をすることも少なくない。いろいろ考えると、いまの侘《わ》び住まいのほうが、どれだけ気楽なことか」

そのため、昆陽は相当な変わり者との評判が立った。だが、昆陽は学者として有名だったわけでもないし、江戸で寺子屋を開きながら、地味な学究生活をすごしていたのである。

やがて享保十八年（一七三三）、三十六歳のとき、町奉行大岡越前守忠相《えちぜんのかみただすけ》の知遇を得る。昆陽が住む長屋の地主で、大岡配下の与力をつとめる加藤又左衛門が昆陽の人柄や学識に感心し、大岡に推挙したからだった。

昆陽はそのころ、薩摩芋に関心を寄せている。それというのも二年前、享保の飢饉《ききん》が西日本を襲い、多数の餓死者が出るなど、甚大《じんだい》な被害をこうむったのだが、九州地方では薩摩芋を栽培していたおかげで、飢饉を免れることができた。昆陽はそのことを知り、「薩摩芋を救荒作物にしたい」と考えたのである。

いまなら考えられないことだが、学者のなかには薩摩芋有毒説を唱え、薩摩芋の栽培に反対する者もいた。大岡の知遇を得た昆陽は、薩摩芋の利点、栽培法、種芋の貯蔵法などをまとめ、大岡に提出。これが八代将軍吉宗の上覧するところとなった。

吉宗は享保十九年（一七三四）、昆陽を薩摩芋御用掛に取り立て、薩摩芋の試作を命じる。昆陽は小石川薬園と養生所に三百三十坪（約千平方メートル）の試作地をあたえられ、薩摩芋の栽培に取り組んだ。こうしてこの年、試作に成功した。

その一方、昆陽が提出した薩摩芋の栽培法は、平易な小冊子にまとめ直し、享保二十年（一七三五）、『蕃藷考《ばんしょこう》』と題して出版された。「蕃藷」とは、薩摩芋の別称である。いずれにせよ、昆陽が試作して得た種芋と『蕃藷考』によって、薩摩芋の栽培は、数年後には江戸近郊から関東、さらに全国各地へと広まっていった。

昆陽はその功績が認められて、元文《げんぶん》四年（一七三九）には書物方に任じられ、各地を旅して古文書の調査に当たった。また、元文五年には将軍吉宗の命によってオランダ語の学習をはじめ、蘭学の先駆者として活躍した。

昆陽は律儀《りちぎ》だったし、学者に向いていたのである。一人娘が大病を患《わずら》ったことがあるが、昆陽は幕府の触書《ふれがき》にしたがい、朝鮮人参《にんじん》など高価な薬を用いなかったという。

明和六年（一七六九）、七十二歳で没した。

美しい雪の結晶に魅せられて――土井《どい》利位《としつら》

大名のなかにも変人奇人は少なくないが、下総古河藩《しもうさこが》（茨城県古河市）主で、大坂城代でもあった土井利位は、大の雪好きだったというから、変わっている。それがこうじて、みずから雪の結晶図を描き、『雪華図説《せっかずせつ》』という本を出版したほどだ。

利位は寛政元年（一七八九）、三河国刈谷藩（愛知県刈谷市）主土井利徳《としなり》の四男に生まれた。のち文化十年（一八一三）、二十五歳で本家の古河藩主土井利厚《としあつ》の養子となったが、雪好きはそのころからはじまったという。

古河藩には鷹見泉石《たかみせんせき》という家老がいた。利位より四歳年上で、利位が藩主になると、利位を助けて政務に尽力した。その一方、蘭書の収集につとめ、蘭学者としても名を成したが、シーボルトや渡辺崋山《かざん》らとも交流があり、彼らを後援したほどだ。

利位が雪に興味を抱くようになったのは、この鷹見泉石が勧めたからだという。利位は公務のあいまに雪を観察し、結晶図を描きつづけたが、むろん肉眼で雪を見たのでは、結晶の形状がよくわからない。当時は貴重品だった顕微鏡を入手し、これを使って雪の結晶を観察したのである。

そのため、結晶の形状を具体的に描くことができた。欧米の雪の結晶図とくらべてみても、まったく遜色《そんしょく》がなかったというから、利位が描いた雪の結晶図は水準が高かった、といってよい。

利位は長年描きためた雪の結晶図を編集し、天保三年（一八三二）七月、『雪華図説』と題して刊行した。これには八十六種の平板結晶の観察図が収められ、本文には蘭学の知識を駆使して、結晶ができる理由や観察法、雪の効用などを記してある。土井利位は大名でありながら、立派な科学者でもあった。

もっとも、当時の庶民にどれだけ理解されたかわからない。しかし、この本に収められた雪の結晶図を模様化し、「大炊《おおい》模様」と名づけて流行させた人もいた。「大炊」とは、土井利位の官名が「大炊頭《かみ》」だったことによる名称である。

雪の模様は、古くから「雪輪文《ゆきわもん》」と称するものがあったが、これは抽象的なものだった。ところが、「大炊模様」はさまざまな雪の結晶図を散らしたもので、一般的には「雪花文《せっかもん》」と呼ばれ、浴衣《ゆかた》の柄として庶民のあいだで流行した。いずれにせよ、科学的な観察にもとづく雪の結晶が模様になったのは、利位の『雪華図説』が刊行されてからのことだ。

ところで、利位はその後、天保五年（一八三四）に大坂城代となるが、当時の大坂には不穏な空気が流れていた。それというのも、深刻な大飢饉のために各地に多くの餓死者が出たし、米価が異常に高騰《こうとう》したからである。

ついに天保八年（一八三七）二月十九日、大坂町奉行が飢饉対策を進めないことに抗議し、大塩平八郎の乱が起こった。これを鎮圧したのが利位だが、時代の荒波に苦労を強いられたといってよい。その後、天保九年（一八三八）老中、天保十四年に老中首座となって、幕政に重きをなしたものの、新しい政策を打ち出すことができず、弘化元年（一八四四）には老中を辞任。嘉永《かえい》元年（一八四八）、江戸で没したが、六十歳だった。

政情不安な時代だったからこそ、利位は美しい雪の結晶に魅了され、科学者としての一面を開花させたのかもしれない。

奇行の多い剣士たち

武術ひとすじの奇剣士――平山行蔵《ひらやまこうぞう》

太平の世がつづいているというのに、まだ戦国の気風が抜けない剣士がいた。宝暦九年（一七五九）、江戸の四谷《よつや》伊賀《いが》町（新宿区三栄町、若葉一丁目）で生まれた平山行蔵である。少年のころから強健で負けず嫌いの激しい気性だった。長じてぬるま湯のような世の中に憤慨し、屋敷に武具を集め、まるで小さな砦《とりで》と化した。まさに奇人といってよい。

世は田沼時代で消費が活発になり、浮華軽佻《ふかけいちょう》に流れがちだった。しかし、行蔵はそうした世の中に背を向けていたばかりか、むしろ慨嘆した。とはいえ、行蔵は下級武士だから、その思いが幕府中枢《ちゅうすう》にとどくはずもない。

そうであるなら、たとえ自分一人でも尚武《しょうぶ》を貫くしかない。それが行蔵の覚悟だった。三十俵二人扶持《ぶち》にすぎないのに、出世には見向きもしなかったし、嫁も迎えず、ひたすら剣術を学びつづけた。

行蔵の住居は伊賀組の組屋敷だが、玄関近くに道場をつくり、若侍たちを鍛えた。道場隣の居室は、武器庫さながらである。刀剣や槍《やり》、薙刀《なぎなた》はまあいいとして、なんと大筒（大砲）や小筒（鉄砲）まであるのだ。

さらには馬具や旗指物《はたさしもの》、陣太鼓など、いざ合戦となれば必要になるものが揃《そろ》っている。だが、合戦など起こるはずもない。奥の書斎には、おびただしい和漢の軍学書が集められ、全体としてみれば江戸市中に小さな砦を築いたような恰好《かっこう》になっていた。

それに江戸市中を歩くときは、三尺六寸（約一・一メートル）もある大刀を腰に差し、用心のために太い鉄製の杖《つえ》を手にしていた。しだいに「奇剣士」として、行蔵の名が噂《うわさ》にのぼったが、それも当然のことだろう。なかには「時代錯誤もはなはだしい」と、眉《まゆ》をひそめる人も少なくなかった。

やがて田沼意次《おきつぐ》が失脚し、松平定信が幕政の実権を握る。定信は改革を断行したものの、世の中はいっこうに変わる気配もない。将軍の親衛隊ともいうべき書院番士や小姓衆でさえも、武術よりは三味線や踊りを好み、うつつを抜かすありさまだった。

唾棄《だき》すべき世の中、という思いがますます強まっていく。行蔵は「砦」にこもって、門弟たちの育成に励んだ。そのなかには津軽藩主を襲撃して失敗、小塚原《こづかっぱら》で斬罪《ざんざい》となった相馬大作《そうまだいさく》、のちに剣聖と称された男谷精一郎《おだにせいいちろう》ら異色の人物が少なくなかった。奇人と見られながらも、剣士としては高く評価されていた。

しかし、行蔵の日常生活は「常住戦陣」の心がまえで、早起きして体を鍛えたし、食事は水に漬けただけの玄米を食べ、煮炊《にた》きしたものは食さなかった。酒は押入れに四斗樽《だる》を据え、冷酒をがぶ飲みした。寝るときも夜具を使わず、板の間に横たわるというのだから尋常ではない。いくら戦場にある心がまえでといっても、やりすぎと思う人もいた。晩年、松平定信に諭され、やっと蒲団《ふとん》を敷いて寝るようになったという。

しかし、行蔵は中風にかかり、手足が不自由になる。それでも武器にかこまれながら冷酒をあおり、世の中を憤《いきどお》りつづけた。文政十一年（一八二八）、七十歳で死去したが、武術ひとすじの生涯だった。

魔法を使う異常の剣士——尾関忠吉

摩利支天《まりしてん》の魔法を体得しているという尾関忠吉は、まさに異常の剣士だった。出羽山形藩（山形市）十二万石の藩主鳥居忠恒《とりいただつね》の家臣である。大坂の陣が終わって十数年後のことだから、まだ戦国の余燼《よじん》が残っており、荒っぽい武士も少なくない。それにしても、摩利支天の魔法を身につけているというのだから、普通ではなかった。

摩利支天はつねにその身を隠し、供養《くよう》する者のために障害を除き、利益をほどこす女神とされる。もともとは日月の光を神格化したものだが、武士の守り本尊として信奉されていた。その魔法を使うため、藩内には尾関忠吉と勝負しても勝てる者がいない。

忠吉はしだいに傲慢《ごうまん》な態度をとり、無礼を働くようになった。侮辱されて、怨《うら》みを抱く者も少なくなかったのである。

ある日、侮辱された五人が、怨みを晴らそうと謀議をこらした。あれこれ話しあったすえ、忠吉に酒を飲ませ、酔いつぶすことに決めた。いくら武芸百般で魔法を使うといっても、泥酔《でいすい》した忠吉なら、みんなで襲撃すれば討ち取れる、と思ってのことだった。

さっそく忠吉を招き、酒宴を開いた。さんざん飲み食いしたというのに、忠吉は酔いつぶれるどころか、平然として、

「これから趣向がおありのようだな。しかし、容易にはわしを殺せるものではないぞ」

といい放ち、目の前でふいに姿を消してしまった。残された五人の者は目論見《もくろみ》が見

破られ、あわてふためいた。

悔しさがつのる。数日後にふたたび集まり、「なんとかして、あいつを葬《ほうむ》り去ることができないものか」と、策を練った。

ところが、その最中に突如として冷たい風が吹き、それとともに忠吉が姿を現したのである。一同は愕然《がくぜん》としたが、忠吉はせせら笑い、

「おぬしたちに、なにができようか。猫に睨《にら》まれた鼠《ねずみ》同然ではないか」

と、悪態を吐《つ》く。そして、またもや忽然《こつぜん》と姿を消したのである。もはや我慢ができ

ない。五人の者たちは藩内の有志を糾合し、藩主に強訴におよんだ。

「なにとぞ、尾関忠吉を放逐してください。もし、それが叶《かな》わぬなら、われら一同、長の暇《いとま》をいただきます」

藩主も彼らの覚悟を聞いては、無視するわけにもいかない。首謀者の二人にたいして「尾関忠吉を誅殺《ちゆうさつ》せよ」と、上意討ちを命じたのである。二人はさっそく忠吉をつけ狙《ねら》い、討ち取ろうとした。だが、忠吉が発する奇怪な気合に立ちすくみ、返り討ちにあってしまった。

その後、大坂の陣生き残りという佐藤次郎左衛門に、忠吉の誅殺を命じる。次郎左衛門は老齢ながら立ち向かい、忠吉を成敗した。それにしても、不思議な武士がいたものである。

剣術を興行にした元将軍師範——榊原鍵吉《さかきばらけんきち》

幕末期、十四代将軍家茂《いえもち》の師範役をつとめた榊原鍵吉も、町道場を開いたり、剣術興行を催したりしたのだから、剣士としては変わり種だった。

旗本や御家人に剣術や槍術《そうじゆつ》、弓術、砲術を習得させるため、幕府は講武所《こうぶしよ》を設けていた。安政七年（一八六〇）二月、講武所は神田小川町（千代田区三崎町二〜三丁目）に移転したが、このとき、将軍家茂をはじめ、幕閣が臨席するなか、模範試合が行なわれた。

榊原鍵吉は直心影流《じきしんかげりゅう》の達人で、講武所の剣術教授方をつとめていたが、高橋泥舟《でいしゅう》と対戦することになった。泥舟も講武所の槍術教授方で、当時「槍術日本一」といわれた人物である。

「槍《やり》のほうが有利で、榊原鍵吉の分が悪い」というのが衆目の一致するところだった。しかし、実際に立ち合ってみると、鍵吉は泥舟の槍を巧みにかわし、一瞬の隙《すき》をとらえて見事に面をとったのである。鍵吉のすぐれた技に、だれしも称讃《しょうさん》を惜しまなかった。

鍵吉は元治元年（一八六四）、三十五歳で将軍の剣術師範並に昇進した。ところが、時代は激変期である。幕府は慶応二年（一八六六）、陸軍所を新設し、講武所を吸収合併してしまった。それとともに、剣術や槍術の稽古《けいこ》は廃止された。

鍵吉はそうした時流に不満を抱き、下谷車坂町（台東区上野七丁目）に町道場を開く。剣術に明け暮れる暮らしを選んだのである。道場には多くの門弟が集まり、栄えたものの、慶応四年（一八六八）一月三日、鳥羽《とば》伏見で戊辰《ぼしん》戦争がはじまり、世のなかは激変していく。

五月十五日には官軍による彰義隊討伐の上野戦争が起こる。鍵吉は頼まれて、輪王《りんのう》寺宮《じのみや》（北白川能久《よしひさ》親王）を銃弾飛び交う上野の山から救出するという活躍もした。しかし、徳川の世はすでに終わっている。鍵吉は徳川宗家を継いだ家達《いえさと》にしたがい、大番頭として二年ほど静岡ですごし、ふたたび車坂町の道場へ戻った。

ところが、時代は変わり、いまさら剣術をやろうという者は少ないから、暮らしも困窮した。そこで考えたのが、剣術興行だった。多くの見物客を集め、その前で四十人ほどの門弟を東西に分け、竹刀《しない》や薙刀で試合をするという趣向である。竹

場所は浅草御門外、神田川の北側にある左衛門河岸《さえもんがし》の原（台東区浅草橋一丁目）。竹矢来をめぐらせ、木戸前に高札を掲げた。はじまる前には「時代錯誤ではないか」と嘲《あざけ》る者もいたから、鍵吉は内心では不安を感じていた。しかし、入場料は金一朱だったのに押すな押すなの盛況で、鍵吉はほっと胸をなでおろした。

むろん、ただ剣士たちの腕競《くら》べをしただけではない。薙刀の女と太刀の男を戦わせたり、太刀と鎖鎌《くさりがま》の組み合わせもあるなど、見世物としての工夫もされていた。だからこそ人気を呼んだのだが、

「武芸を見世物にするとはとんでもない。武士の魂が腐っている」

と非難する者もいた。鍵吉はまったく意に介さなかったが、やがて鍵吉を真似《まね》て剣術興行を行なう者がつぎつぎと現れ、鍵吉の客は激減してしまった。鍵吉はやむなく興行を弟子にゆずり、手を引いた。

といって、道場だけでは暮らしていけない。そこでつぎに考えたのは、道場を寄席《よせ》にすることだった。昼間は門弟に剣術を教えたが、夜は道場に茣蓙《ござ》を敷き、「榊原亭」の看板を掲げ、落語や講談を上演したのである。

これも客の入りはよかった。しかし、あまり長続きしない。あせった鍵吉はつぎに道場を半分に仕切り、酒屋をはじめたのである。寄席に酒屋とはなかなか考えたものだが、酒屋が繁盛《はんじょう》するにつれて、風紀が乱れるようになった。道場はつづけているのだから、門弟たちに悪い影響をおよぼす。まもなく酒屋はやめてしまった。

将軍の師範役までやった男が、剣術興行をやったり、寄席や酒屋を営むのだから、世間の人びとには奇人と映った。だが、やはり鍵吉には剣士としての意地と誇りが残っていた。

明治二十年（一八八七）、明治天皇が臨席して行なわれた兜割《かぶとわり》で、鍵吉は見事な腕を見せた。鉄製の兜を刀で切るなど容易ではなく、何人かが挑んで失敗したあと、鍵吉は三寸五分も切り込んだという。五十八歳のことである。

幻術を使う剣士——松山主水《まつやまもんど》

妙術といえば、松山主水も妙術使いの一人だった。大坂夏の陣が終わった翌元和《げんな》二年（一六一六）のこと、江戸千住で豊臣の残党とまちがわれ、捕えられそうになったことがある。

主水は相手にならず、通りすぎようとしたところ、徳川家の見廻役が取り囲み、斬《き》りつけてきた。しかし、その瞬間、主水の姿は消えた。

「奇怪な奴《やつ》だ。油断するな」

見廻役たちはあわてて叫ぶ。どのような術を使ったのか、主水はいつのまにか見廻役たちの輪の外に立っている。おどろいた見廻役たちはいっせいに刀を突き出したり、斬りつけようとした。

ところが、奇怪にも斬り込んできた見廻役たちは、動けなくなっていたのである。勢いをつけて動こうとして、ぶざまにひっくり返る者もいた。主水はゆっくり立ち去っていった。

延享《えんきよう》元年（一七四四）刊の『積翠雑話《せきすいざつわ》』（作者不詳）によると、「主水の剣術は平兵法といい、もともとは義経《よしつね》流の剣術から出たものだ」という。しかも、主水は「竦《すく》みの術」という高等な秘術を身につけていた。いまでいえば瞬間催眠術のようなもので、相手を金縛りにして動けなくしたり、向かってくる敵を掛け声一つでひっくり返す術である。

やがて主水は熊本藩に仕え、剣術師範を命じられた。すでに三十代になっていたが、主水は「気晴らしだ」といい、高い崖《がけ》の上に枝を広げる老松にのぼった。うっかり足を踏みはずせば、崖の下に転落して命はない。それなのに枝から枝へと飛び移って、人びとをおどろかせた。

さらに、七尺（約二・一メートル）ほどの土塀や、二十二尺（約六・六メートル）もある濠《ほり》を助走もせずに、飛び越えた。また、垂直の壁にヤモリのようにはりついて這《は》いまわったり、壁を駆けのぼって天井を逆さまに歩いた、というから尋常ではない。

ひと癖ある江戸の芸術家

生前に死亡通知を出す――司馬《しば》江漢《こうかん》

わが国で、はじめて銅版画の制作に成功した司馬江漢の業績には、だれしも敬服したが、江漢は本当に変わり者でもあった。

文化三年（一八〇六）、江漢は六十歳を機に、江戸柳橋の万八楼で退隠書画会を催している。ところが、なにを思ってのことか、文化五年（一八〇八）、実際の年齢に九歳を加え、まだ六十二歳なのに七十一歳と称した。たんなる茶目っけを出しただけなのか、人を欺《あざむ》くことに喜びを感じたのかよくわからない。

さらに文化十年（一八一三）八月、あろうことか、自画像入りの死亡通知を刷物にして江戸をはじめ、京や大坂の知人に配ったのである。

「江漢先生、老衰して画を求める者あれど描かず、諸侯召せども出かけず、蘭学《らんがく》、天文学、あるいは奇妙な道具をつくることにも飽き、ただ老子、荘子の如《ごと》き生き方を楽しむ。去年は吉野《よしの》の桜を見、京に一年滞在した。この春、江戸へ帰ったが、また上方《かみがた》をめざして出立したのに、相模鎌倉《さがみかまくら》で円覚寺の誠拙《せいせつ》禅師の弟子となり、ついに大悟したのち、病で死んでしまった」

この死亡通知を見た人は、おどろいたにちがいない。江漢が本当に死んだものと思い、香典を送ってきた人もいた。一方、江漢は外出もせず、静かに家に閉じこもった。

ところが、あるとき、よんどころない用事ができ、江漢は隠れるようにして外へ出たのである。間が悪いことに知人に姿を見られたのだが、その知人もびっくりした。よもや死んだはずの江漢が歩いているはずはないと思いつつも、「もし、江漢先生ではありませんか」と、声をかけてみた。

江漢は気づかないふりをして歩きすぎようとしたが、知人はさらにあとを追い、呼びとめる。江漢はふてくされた顔で、「死んだ人間がどうして話をするものか」と捨て台詞《ぜりふ》をいい、急いで立ち去った。これでは奇人といわれるのも無理はない。

江漢は本名を安藤吉次郎といい、延享《えんきよう》四年（一七四七）、江戸四谷《よつや》（新宿区）で生まれている。その後、芝（港区）に住んだことから、姓を司馬とし、江漢と号した。

伯父の影響で幼いころから絵に親しみ、やがて狩野美信に学び、ついで宋紫石《そうしせき》から南蘋《なんぴん》派の写生画を習った。さらに江漢は、鈴木春信に傾倒して浮世絵を学んだ。一時は刀工や彫金の修業もしている。江漢は才能がありすぎたのかもしれない。一つのことを突きつめるというのではなく、つぎつぎに新しい分野に挑戦していった。

その後、洋風画を描いていた平賀源内や『解体新書』の解剖図を描いた小田野直武《おだのなおたけ》の影響をうけ、洋風画を描きはじめる。銅版画にも興味を抱いたが、残念ながら技法がよくわからない。蘭書に技法が紹介されていることを知ると、前野良沢《まえのりょうたく》ら蘭学者の助けを借りて解読し、腐食銅版画（エッチング）の制作に取り組んだ。

苦心に苦心を重ね、天明三年（一七八三）九月、やっと日本初の銅版画制作に成功したのである。これは「三囲景《みめぐりのけい》」と題する作品で、隅田川に大小の船が浮かび、堤を歩く人物などを描いた風景画だった。

もっとも、そのまま見るのではなく、反射鏡に映し、覗眼鏡《のぞきめがね》を通して見る絵だ。このため、実際の風景とは左右が逆に描かれている。これを眼鏡絵とも称したが、こうして見る風景画は遠近感が強調されたり、陰影に富み、立体的にも見える。見た人びとは、だれしもその迫力におどろいた。

五年後、江漢は長崎に遊学したが、自作の眼鏡絵を持参し、旅の途中で人びとに自慢げに見せた。長崎に滞在中、江漢は『新制天地二球用法記』という本に出あい、これを読んで共鳴した。コペルニクスの地動説を紹介した本で、オランダ通詞本木良永が翻訳したものだった。

江漢は江戸に帰ったあと、地動説をわかりやすく解説した『刻白爾《コッペル》天文図解』の執筆に取り組み、文化五年（一八〇八）、六十二歳のときに出版した。本木の本は出版されなかったので、江漢の本が地動説をはじめて紹介した本となったのである。

文化八年には『春波楼筆記《しゅんぱろうひっき》』を著したが、江漢はそのなかで、「上は天子、将軍から下は士農工商乞食《こじき》にいたるまで、みなすべて人間なり」と書いた。封建的身分制度を批判し、みな同じ人間ではないか、と主張したわけで、江漢は当時としては、稀《まれ》な自由思想家でもあった。

江漢は文化十年、最初に述べたように、自分の死亡通知の刷物を出す。しかし、その後、五年も生きつづけ、文政元年（一八一八）十月二十一日、江戸深川（江東区）で病死した。八十一歳と自称していたが、実際には七十二歳だった。

反骨の美人画絵師――喜多川歌麿《うたまろ》

美人画でも上半身を描いたものを大首絵というが、これを創案し、浮世絵の黄金期を開いた喜多川歌麿。意外なことにその歌麿は、虫の精密な観察図を描き、『画本虫《えほんむし》撰《えらみ》』という本にまとめている。

歌麿は宝暦三年（一七五三）に生まれたが、出生地や父母のことはよくわからない。物心がついたころには、狩野派の絵師鳥山石燕《とりやませきえん》の長男として根岸（台東区）の家で育てられていたし、石燕から絵を学んだ。しかし、歌麿はすべてを自由に描く浮世絵に魅力を覚え、遊里や芝居小屋に通い、遊女や役者を写生して腕を磨いた。

やがて版元の蔦屋重三郎《つたやじゆうざぶろう》の知遇をえて、天明元年（一七八一）ごろから、洒落本《しやれぼん》や黄表紙などの挿絵に腕をふるいはじめた。当初、歌麿は北川豊章《とよあき》と名乗っていたが、挿絵を描くようになったころ、上野忍岡《しのぶがおか》（台東区上野）に住んでいたところから、忍岡歌麿と改め、その後、喜多川歌麿としたのである。

『画本虫撰』は天明七年（一七八七）、三十五歳のときに刊行されたが、歌麿の養父で、師でもあった鳥山石燕はその本に跋文《ばつぶん》を寄せた。それによると、歌麿は幼い頃からなんでも細かく観察したし、とくにハタハタ（バッタ）やコオロギを手に乗せて遊ぶのが好きだった。

あるとき、狂歌師の宿屋飯盛《やどやのめしもり》（石川雅望《まさもち》）ら江戸の文人たちが隅田堤で、虫聞きを開いた。さまざまな虫の美しい音色に耳を傾けながら、酒を酌《く》み交わし、歓談したのである。彼らは虫の狂歌を詠《よ》みあったが、これを契機に『画本虫撰』が誕生した。三十首の狂歌を十五番の歌合《うたあわせ》にまとめ、歌麿の精密で丹念に描いた虫の絵を大きく掲げる、という絵本だった。文人たちの遊び心と歌麿のすぐれた描写力が生み出した絵本といってよい。

しかし、その一方で、歌麿は女性の美しさを追い求めた絵を描いた。天明八年、枕絵本《まくらえほん》『歌まくら』を蔦屋から出版する。歌麿はたいへんな遊び人で、吉原遊廓《よしわらゆうかく》へ通いながら遊女たちの姿態を観察し、それを作品に描いていったのである。

ところが、しだいに取締りがきびしくなり、自由に表現することがむずかしくなっていく。それは、老中松平定信《さだのぶ》が町人の力を抑え、武士の権威を取り戻す政策を打ち出したことからはじまった。寛政の改革というが、町人の贅沢《ぜいたく》を禁じ、衣服や食物までを制限するという締めつけ政策を行なったのである。寛政二年（一七九〇）五月には、時事をとりあげた本、好色本、高価華美な本などの出版を禁じ、出版統制を強化した。

翌寛政三年（一七九一）五月、山東京伝《さんとうきょうでん》が書いた洒落本『仕懸文庫《しかけぶんこ》』『娼妓絹籭《しょうぎきぬぶるい》』『錦之裏《にしきのうら》』の三作が発禁処分となり、作者の京伝は手鎖《てぐさり》五十日、版元の蔦屋が身代半減を命じられる、という事件が起きた。これを機に、蔦屋は錦絵の出版に力をそそぐ。歌麿を起用して、勢いを取り戻そうとしたのである。歌麿はそれに応《こた》え、大判錦絵に工夫をこらし、大首絵を生み出したが、いずれも大評判だった。

それまで浮世絵といえば、全身像か数人を描いたものだったが、歌麿は上半身にし、顔を大きく描いたのである。華美な服装が禁じられていたこともあって、地味な色合の着物を少しだけ描き、あとはもっぱら顔の表情の美しさを表現しようとした。

顔を大きくしたことによって、表情のこまやかな動きを表現することも可能となった。実際、歌麿は評判の美人を克明に描いたし、取締りがきびしくなってからは、なにげない主婦の日常や労働する女たちの美しさを描いた。

大首絵の登場は、まさに浮世絵にとって画期的な出来事で、この技法はほかの絵師たちに大きな影響をあたえた。

ところが、文化元年（一八〇四）、五十二歳になった歌麿に衝撃的な事件が起こる。当時、『絵本太閤記《たいこうき》』が流行し、歌麿も描いていた。秀吉の醍醐《だいご》の花見を題材とした『太閤五妻洛東《らくとう》遊観之図』が咎《とが》められ、歌麿は入牢《にゅうろう》三日のうえ、手鎖五十日を命じられたのである。

この絵はただの歴史画であり、処罰の対象となるほどのものではない。だが、歌麿は幕府が規制してくれば、それに抵触しない方法で対抗してきた。大首絵を創案したのもそうだし、風俗粛正が進むと、遊女を描くのをやめ、普通の主婦を描いた。しかし、幕府には反抗的な絵師と映ったから、摘発の機会をうかがっていた。この絵は歌麿を処罰するのにお誂《あつら》え向きだったのである。

歌麿が刑を終えると、多くの注文があった。歌麿はそれに応じてつぎつぎに描きつづけたものの、量産したせいか、駄作が多い。精神的な打撃と量産の過労がたたり、立ち直れないまま、文化三年（一八〇六）、五十四歳でこの世を去った。

天真爛漫《らんまん》の奇行――池大雅《いけたいが》

寛政二年（一七九〇）に刊行された、伴蒿蹊《ばんこうけい》の『近世畸人《きじん》伝』によると、池大雅は三歳で文字を書き、五歳で書をよくしたという。幼いころから天分を発揮したわけだが、彼は天真爛漫の奇行で知られる。

池大雅は享保《きょうほう》八年（一七二三）、京都北山御菩薩池《みどろいけ》（京都市北区上賀茂深泥池町《かみがもみどろいけ》）で生まれた。父は四歳のときに死去し、それ以降、母と暮らしていたが、漢籍（中国の書物）の素読や書を習い、才能に磨きをかけた。

元文《げんぶん》二年（一七三七）、大雅は十五歳で扇屋を開き、みずから扇に絵を描いて売った。いつのまに技術を習得したのか、翌年には篆刻《てんこく》（印の彫刻）も家業に加えているから、才能は豊かだった。さらに柳沢淇園《きえん》について、本格的に絵を学んだ。

大雅が妻を迎えたのは宝暦二年（一七五二）、三十歳のころとされる。相手は画家の玉瀾《ぎょくらん》で、やがて二人は仲睦《むつ》まじく暮らし、天衣無縫のおしどり画家と称された。

当時、大雅は扇があまり売れなかったため、祇園社《ぎおん》（八坂神社）の境内で露店を出し、書画を売りながら暮らしていた。近くで茶屋を営む百合《ゆり》は、大雅の書画を見てその画才におどろき、娘の婿《むこ》にと望む。親交を結ぶうちに、結婚話が進んだ。

娘の名は町《まち》といったが、玉瀾という号をもつ画家だった。やがて結婚したものの、大雅はいく日たっても夫婦の交わりをしようとしない。仲人《なこうど》は玉瀾からそのことを聞くと、大雅に真意をただした。

「わたしは、ただ仲よく暮らせばよいと思っていました。これからうやうやしく行ないます」

大雅は身をちぢめて、そういったという。

ところで、大雅は独身のころから旅好きで、絵を描いた扇を売りながら諸国を旅して歩いた。その途中、実景に学び、独自の画風をつくりあげていったのである。

結婚後も玉瀾に行先を告げず、ふらりと旅に出て、いく日も帰らないことがあった。あるときなど、西国から江戸へ向かう途中にたずねてきた知人を、送るといって家を出たのはいいが、一日また一日と知人と歩き、ついに富士山麓《さんろく》までできて、ようやく引き返す、ということがあった。玉瀾はそうした夫の行動をまったく気にもとめなかったというから、おおらかな女性だった。

明和《めいわ》七年（一七七〇）、大雅はまだ四十八歳で惚《ぼ》ける年でもないのに、こんなことがあった。

大坂の書画会に参加するため、家を出たのだが、筆箱をもってくるのを忘れてしまった。それに気づいた玉瀾が筆箱をもって、あとを追いかける。やっと伏見あたりで

追いつき、大雅に筆箱を渡した。

ところが、大雅は相手が妻と気づかず、「どこのお方か知りませんが、よく拾ってくださいました」と礼を述べ、頭を下げた。玉瀾もそんな夫に「いいえ」というだけで立ち帰った、というのだからおかしい。

おしどり夫婦として知られるようになると、二人の天真爛漫で奇行に富んだ暮らしぶりは、なにかと世間の噂《うわさ》となった。二人のあいだに子どもがなかったものの、仲のよい似合いの夫婦で、大雅が三味線を弾きながらうたい、玉瀾は筑紫《つくし》箏《ごと》を弾くこともしばしばだった。

大雅は安永二年（一七七三）ごろから病に伏した。一時は小康をえたものの、回復することなく、安永五年（一七七六）四月十三日に死去した。五十四歳である。奇行が伝えられる大雅だが、妻の玉瀾を心から愛していた。玉瀾も画家で、十分に自活していけたのに、大雅は妻のために数百点もの絵を遺《のこ》していたという。

十か月だけ活躍の謎《なぞ》——東洲斎写楽《とうしゆうさいしやらく》

わずか十か月に百四十余点の役者絵、相撲絵を描いた東洲斎写楽は、その後、ぷっつりと消息を絶ち、彗星《すいせい》のごとく消え去った謎の絵師である。

写楽の絵を発売したのは、江戸通油町《とおりあぶらちょう》（東京都中央区日本橋大伝馬町《おおでんまちょう》）の版元蔦屋《つたや》重三郎《じゅうざぶろう》だが、蔦屋はつぎつぎにヒット作を出した版元で、大田南畝《おおたなんぽ》（蜀山人《しょくさんじん》）、山東京伝ら江戸の狂歌師や戯作者《げさくしゃ》と親しく、喜多川歌麿、十返舎一九《じっぺんしゃいっく》、滝沢馬琴《たきざわばきん》らも一時、彼の家に身を寄せていた。

しかし、寛政三年（一七九一）五月、山東京伝の洒落本三部作が発禁処分をうけ、蔦屋も身代半減を命じられるという事件が起こった。財産の半分を没収された蔦屋は、経営難を打開するために喜多川歌麿の美人画で売り上げの拡大を図った。

その経営戦略は見事に成功したのだが、まもなく歌麿を他の版元に引き抜かれ、苦境に立たされてしまう。そこで蔦屋は起死回生をねらって、寛政六年（一七九四）五月、まったく無名の写楽をデビューさせたのである。

写楽は江戸の都座、桐座《きりざ》、河原崎座に出演している歌舞伎《かぶき》役者をつぎつぎに描いた。それも人気役者だけでなく、端役《はやく》も取り上げたところに、写楽の独自性があった。しかも、これまで見たこともない特異な面貌《めんぼう》の役者絵だった。

たとえば、よく知られている『恋女房染分手綱《そめわけたづな》』で敵役を演じる三代鬼次《おにじ》の大首絵（上半身像）。睨《にら》みつける目を強調し、口はへの字で、両手を大きく開いた構図はいかにも写楽らしい。こうした役者の大首絵を、つづけて二十八枚も発表した。もう一つ、雲母摺《きらずり》をしたことに特徴があるが、これは背景に白や黒、紅などの雲母《うんも》を摺り込み、光沢を出す技法である。

江戸庶民は、役者絵に役者の華麗さを求めた。しかし、写楽の絵は新鮮さがあるとはいえ、大胆なデフォルメをした特異な絵だったから敬遠され、売れ行きはかんばしくなかった。

役者にとって、役者絵に描かれるのはそれだけ注目されるし、うれしいことである。だが、写楽の絵は役者の個性を巧みに表現していたものの、美しくは描いていない。このため役者や贔屓《ひいき》筋から抗議されたほどだった。

写楽はそれでもめげず、翌年一月までの十か月間（途中閏月《うるうづき》がはさまる）、役者絵や相撲絵など百四十余点も描きつづけたのだから、すごい力量である。歌麿が百四十九点を発表するのに十年かかったことを思えば、いかに短期間で多作したかがよくわかる。

ところが、写楽がいつ、どこで生まれたのか、その謎はいまだに解き明かされていない。手がかりとなるのは、寛政元年（一七八九）ごろ、大田南畝が書いたとされる『浮世絵類考』だが、その後、これに式亭三馬《しきていさんば》、渓斎英泉《けいさいえいせん》、斎藤月岑《げっしん》らが補筆した。

斎藤月岑は神田雉子町《きじちょう》（千代田区神田小川町一丁目、神田司町《つかさちょう》二丁目）の草分名主だが、和漢の学を修め、『武江年表』『東都歳事記』などを書いた著述家でもある。月岑は『浮世絵類考』に、

「写楽は天明・寛政年間（一七八一〜一八〇〇）の人で、斎藤十郎兵衛《じゅうろべえ》と称し、江戸八丁堀（中央区）に住む阿波《あわ》徳島藩主蜂須賀《はちすか》氏に仕えた能役者である」

と記している。この写楽能役者説は、長いあいだ定説とされてきたが、戦後になって、阿波徳島藩には斎藤与右衛門《よえもん》という役者がいたものの、十郎兵衛という名はないなどの理由で、否定的な考えが強まった。

しかし、近年、能役者の斎藤家が与右衛門と十郎兵衛とを交互に名乗っていたことが明らかになり、写楽能役者説はふたたび注目されている。とはいえ、能役者にあれだけの絵が描けたかどうか、疑問がないわけではない。

写楽研究が進み、正体探しがはじまったのは大正時代からだが、それ以来、先の能役者説をはじめ、葛飾《かつしか》北斎、谷文晁《たにぶんちょう》、円山《まるやま》応挙、鳥居清政《きよまさ》ら絵師の名があげられてきた。写楽は彼らの変名だというのである。そのほか、版元の蔦屋重三郎、作家の山東京伝、十返舎一九にも擬せられた。

むろん、「写楽は写楽である」という説もある。写楽の作品はまったく独自のもの

であり、ほかの絵師との共通点が乏しい。それだけに写楽とする説が妥当と思える。もともと浮世絵師は幕府お抱えの絵師とは異なり、あくまでも職人だし、身分も低い。浮世絵そのものも障壁画のように飾られ、長く保存されるものではなかった。だから、浮世絵師の生没年や経歴などが残らなくて当然だったのである。

九十三回の転居——葛飾《かつしか》北斎

「天がもし、わたしに、あと十年の命をあたえてくれるならば……いや、せめてあと五年の命をもたせてくれるなら、本物の絵師になれるのだが」

葛飾北斎は嘉永《かえい》二年（一八四九）四月十八日、そういいながら九十歳の生涯を終えた。大作『富嶽《ふがく》三十六景』をはじめ、多くの作品を遺《のこ》した北斎だが、死ぬまぎわまで見せたあくなき執念には脱帽せざるをえない。しかし、画業はすぐれていたものの、世間的には相当な変わり者だった。

北斎が生まれたのは宝暦十年（一七六〇）、江戸本所《ほんじょ》（東京都墨田区）の割下水《わりげすい》というところである。割下水とは、隅田川と横十間川とのあいだに開削された排水を流すための掘割で、付近には幕府小役人の屋敷が多い。

両親や少年時代のことはよくわからないが、北斎自身、天保《てんぽう》五年（一八三四）から刊行しはじめた『富嶽百景』の跋文《ばつぶん》で、つぎのように記している。

「わたしは六歳のときから、物の形状を写生する癖があり、五十歳のころからしきりに絵を描いてきたけれども、七十歳前に描いた絵は、まったく取るに足らない。七十三歳にして、やや鳥や獣、虫、魚などの骨格、草木が成長するありさまを悟ることができた」

はた目には謙遜《けんそん》としか思えないが、北斎はつねに満足することなく、高みをめざしていた。北斎は幼いころから画才を発揮し、十九歳のとき、絵師になろうと決意、人気絵師勝川春章《かつかわしゅんしょう》に弟子入りした。翌年には才能が認められ、黄表紙や洒落本《しゃれぼん》など、いまでいう小説の挿絵を描くようになった。

北斎が妻を迎えたのは二十三歳ごろのことで、やがて一男二女に恵まれる。しかし、収入は少なく、暮らしはどん底だった。このため、一時は絵師をやめようと思ったが、二十七歳のころ、父の実家で幕府御用の鏡師だった中島家から養子話が舞い込む。

夫婦して養子になり、貧窮から救われたものの、二年後に妻が急死する。それを機に、北斎は長男に家督をゆずって隠居し、ふたたび浮世絵師の仕事に戻った。まもなく再婚、後妻とのあいだに一女が生まれた。

当時、浮世絵の主流は美人画や役者絵だったが、北斎はそれにあきたらず、ひそかに正統派とされていた狩野《かのう》派の教えをうけた。だが、これが露見し、勝川春章に破門されてしまう。それでも北斎はめげることなく、諸流派の画法を学びつづけ、すぐれた描写力と大胆な構成をもつ独特の様式を確立した。

江戸画壇の一匹狼《おおかみ》として技量を磨き、北斎の世界をつくり出した、といってよい。探求心も旺盛《おうせい》で、美人画や武者絵、風景画、花鳥画、挿絵など、多様な絵を描きつづけた。

しかし、日常生活には頓着《とんちゃく》せず、いつも藍染《あいぞめ》の木綿を着ていたし、食事も煮売屋の惣菜《そうざい》ですませた。酒は飲まないし、煙草《たばこ》も吸わない。ところが、引越しだけはおっくうがらずに繰り返し、九十歳で死去するまで、なんと九十三回も転居している。

当時、俗に「転居三百」といい、裏長屋でも一度引越しをすれば三百文の銭が必要だった。借家なら五百文か一両といったところだから、転居をつづければ引越し貧乏となる。その引越しも、いつも家財道具のすべてを運び出したわけではない。たとえば、本所亀沢《かめざわ》町（墨田区亀沢）に家があるのに、浅草にも家を借り、亀沢町の家にも帰るというように二重生活をしていたこともある。転居先は両国のあたりが多く、遠くても深川、浅草界隈《かいわい》だった。

北斎は晩年、三女のお栄と暮らしたが、彼女も絵師である。同じ絵師の男に嫁いだものの、夫の描く絵が自分より劣っているという理由で離婚し、父北斎のもとに帰ってきた絵ひと筋の女だった。

お栄は画号を応為《おうい》と称したが、これは北斎が彼女を「おーい、おーい」と呼んでいたのを、そのまま画号にしたのだという。お栄もまた、北斎に似てものごとに無頓着である。だから炊事や掃除などもまったくしない。家の中にゴミがたまり、悪臭を放つようになると、鍋《なべ》や釜《かま》、蒲団《ふとん》、絵の道具などを荷車に積み、引越しをした。

北斎は、天保十年（一八三九）、八十歳のとき、本所石原（墨田区）から近くの達磨《だるま》横町へ転居したが、まもなく火災にあい、類焼してしまう。それまで描きためた大切な画稿のすべてが灰になり、さすがの北斎も気落ちしてしまった。それでもあきらめず、絵を描きつづけた。

嘉永《かえい》元年（一八四八）には、浅草聖天《しょうてん》町（台東区浅草六〜七丁目）の小さな借家に移ったが、北斎はすでに八十九歳である。高齢のため、急速に肉体が衰弱し、翌年、病床につく。お栄が懸命に看病したものの、そのかいなく帰らぬ人となった。

数学に没頭の生涯

数学の面白さにはまる――吉田光由《よしだみつよし》

江戸時代の寺子屋では「読み、書き、そろばん」を教えた。日常生活を営むうえで基本的なものだが、そろばんとは数学のことである。子どもたちは、そろばんを使いながら計算を学んだ。

数学の教科書でよく使われたのは、寛永四年（一六二七）に出版された『塵劫記《じんこうき》』だった。これはわが国初の算術書で、著者は吉田光由である。

吉田光由は慶長三年（一五九八）、京都の貿易商で、土木家としても知られる角倉《すみのくら》家の一族の子として生まれた。それが数学の専門家になったのだから、相当な変わり者だった。

当時、京都に「割り算の名人」といわれる毛利重能《しげよし》がそろばん塾を開いており、光由はそこに入門し、数学を学んだ。暮らしに必要な計算を身につければ、ほとんどの人は学ぶことをやめる。だが、光由は数学の面白さを知ってしまった。

好奇心がそれだけ強かったのだろう。やがて中国の『算法統宗』という書物を手に入れ、夢中になって勉強した。やがて光由はこれを模範にして『塵劫記』をまとめ、出版したのである。光由が三十歳のときのことだった。

この本は当初、四巻本で刊行されたが、その後、広く読まれたのは三巻本である。上巻は基本編で、そろばんを使った足し算、引き算、掛け算、割り算の方法を解説してある。中巻は応用編になっていて、実際の生活に即した多くの例題をあげ、その解き方を示した。下巻はそろばんについては記さず、平方根や立方根の求め方を述べてある。

いずれにせよ、全体的にみれば、そろばんを使って計算する方法を記した本だ。庶民が独学できるようにわかりやすく、絵入りでていねいに説明してあった。遊び感覚のおもしろい問題もある。たとえば「ねずみ算」では、ねずみの絵をつけて解説した。

「正月に雌雄二匹のねずみが雌雄六匹ずつ十二匹の子を生む。親子合わせて十四匹になるが、これを七組とし、二月にも同様にそれぞれ十二匹の子を生んだ。生まれた子は八十四匹だが、総数は九十八匹となる。三月以降もこのように生んでいくと、十二月末、ねずみは何匹になるか」

この問題の算式は「$2×7^{12}$」だが、計算すると、二百七十六億八千二百五十七万四千四百二匹という厖大《ぼうだい》な数になる。

わかりやすさがうけて、そろばんの使い方を知りたがっている人びとが、先を争って買い求めたという。当時はいまのように著作権が認められていないため、多くの類似本が出版されたほどだった。

明治末期まで約三百種類も出版されたというから、その人気ぶりがうかがえよう。その後も、和算家として活躍したが、寛文十二年（一六七二）、七十五歳で死去した。

和算を高度に大成――関孝和《せきたかかず》

円周率を十二桁《けた》まで正確に算出するなど、わが国の数学史に偉大な足跡を残した関孝和は、のちに「算聖」とまで称された数学の天才だった。

寛永十七年（一六四〇）ごろ、幕臣内山七兵衛永明の次男として生まれたが、のちに一族である関家の養子となった。生まれながらの秀才で、とくにそろばんが得意だったと伝えられる。

関家の養子になってまもなく、孝和は甲府藩（山梨県甲府市）主徳川綱重《つなしげ》とその子綱豊《つなとよ》（のち六代将軍家宣《いえのぶ》）に仕え、勘定吟味役となった。やがて宝永元年（一七〇四）、綱豊が五代将軍綱吉《つなよし》の世子として江戸城に入ると、孝和も幕臣となり、御納戸《おなんど》組頭をつとめた。

当初、禄高《ろくだか》は二百五十俵十人扶持《ぶち》だったが、のちに三百俵に加増されている。和算家のなかでは珍しく厚遇されていたようだ。孝和はそのように幕府につとめながら、数学の才能を仕事に役立て、さらに磨きをかけていたわけである。

わが国に中国から数学が伝わったのは飛鳥《あすか》時代とされるが、その後、さまざまな数学書が輸入され、しだいに発達した。とくに中国の「天元術《てんげんじゅつ》」が大きな影響をあたえた。これは算木を用いて高次方程式をあらわし、それを解くものだが、日本で工夫が加えられ、やがて江戸時代にはわが国独自の数学が発達した。

孝和は独学で数学を学んだが、天元術を改良し、独特な筆算式の高等代数学をつくりあげた。これは「点竄術《てんざんじゅつ》」と称されたが、甲乙丙などの記号を用いて代数の計算を進め、天元術よりもはるかに広い範囲で代数学を考えることができるようにしたのである。西洋数学にくらべて、七十年も早い。

さらに孝和は円周率、円弧の長さ、求積、行列式などの研究に実績をあげたが、その一方、建部賢弘《たけべかたひろ》、荒木村英《あらきむらひで》など、すぐれた門人を輩出した。宝永五年（一七〇八）、死去し、七十歳くらいだというが、数学に情熱を燃やしつづけた生涯だった。

将軍吉宗へ提言――中根《なかね》元圭《げんけい》

享保《きょうほう》年間（一七一六〜三五）、暦方と和算で第一人者とされていたのが中根元圭である。

元圭は寛文二年（一六六二）、近江《おうみ》国浅井（滋賀県浅井町）で生まれた。当初、元圭は江戸に出て、渋川春海《しぶかわはるみ》のもとで暦法を学んだ。しかし、彼は才気に富む青年だったから、やがて春海からはなれて独立。二十四歳のときには『新撰《しんせん》古暦便覧』という本を書いたが、まだ未熟だったために、日月食や閏月《うるうづき》の計算が実際とはずれてしまった。

数学は関孝和《せきたかかず》の弟子建部賢弘《たけべかたひろ》に学び、その門下の第一と称されたが、関流の俊才といわれた久留島喜内《くるしまきない》との、つぎのような逸話もある。

久留島は浪人して江戸の本所《ほんじょ》（墨田区）に住んでいたが、独学で数学を学び、数学に没頭する日々を過ごしていた。散歩の途中、古本屋で『新編塵劫記《じんこうき》』を見つけ、それを買い求めた。吉田光由《よしだみつよし》の『塵劫記』の海賊版だが、この本を読んですぐに理解できた。

やがて久留島は堺町《さかい》（中央区日本橋人形町）に移り、「算術指南」の看板を出した。彼は古本をもとに教えるのだが、彼の説くところは縦横に広がりながらも、きわめて明快だった。そのため、しだいに弟子が増えた。

あるとき、元圭がたまたま久留島の塾の前を通ったところ、興味を抱いて面会を求めた。二人は算法（数学）について論じあったが、久留島は元圭の知識に圧倒され、

「わたしは算術指南の看板をはずし、塾を閉じます」

といい出す。しかし、元圭は久留島のすぐれた才知におどろき、塾をつづけるよう

説得する。これが縁となり、元圭はなにかと久留島の面倒をみたという。

また、あるとき、元圭は八代将軍吉宗に呼び出され、暦のことについて意見を求められた。元圭は思い切った意見を述べる。

「キリスト教や洋書が禁じられているため、暦の基礎となる書物がほとんどありません。もし、日本の暦を正確にしようと考えるのであれば、この禁書令をゆるめるべきだと思います」

吉宗は怒りもせず、じっと聞いていた。そればかりか、元圭の意見を採り入れ、享保五年（一七二〇）には、キリスト教関係書を除き、洋書の輸入緩和令を出したのである。

さっそく多くの洋書、漢書が輸入された。そのなかに中国の『暦算全書』があり、吉宗はこの和訳を元圭に命じたが、享保十三年（一七二八）には一部の訳が完成している。

中根元圭はたんなる数学好きではなく、そのような功績もあった。晩年には暦の研究に熱心だったが、享保十八年（一七三三）、七十二歳で没した。好奇心の旺盛《おうせい》な一生だった。

「算額《さんがく》」で自己アピール――会田安明《あいだやすあき》

江戸中期には、和算は実用として注目される一方、一種の遊びとして流行した。奇妙な図形の面積を求めたり、複雑な問題を解くことに熱中したのだが、なかには自分の能力を示すために、難問を解くとそれを記した額をつくり、神社や寺に奉納した。絵馬のようなもので「算額」と称した。

会田安明も江戸の愛宕山《あたごやま》（港区愛宕一丁目）に算額を奉納している。安明は延享四年（一七四七）、出羽国最上《もがみ》（山形県七日町）に生まれた。幼いころから才能にすぐれ、十六歳のとき、地元の和算家岡崎安之について天元術《てんげんじゅっ》（中国の代数学）などを学んだ。しかし、二年で学び尽くしたため、それからは多くの数学書を集めて独学に励んだ。やがて二十三歳のとき、江戸へ出て、幕府の小役人になった。「数学をきわめたい」という希望があったものの、数学では暮らしていけない。やむなく幕府につとめながら、数学を研究しつづけたのである。

安明には才能があった。しかし、当時はいくらすぐれた研究をしても、その成果を公表する場は算額奉納しかなかった。こうして天明元年（一七八一）、三十五歳のとき、愛宕山に算額を奉納し、天明四年（一七八四）には『当世塵劫記』を出版。そのころ、安明は本所の長屋で暮らしていたが、算額奉納や出版を機にしだいに弟子が増え、数学だけで暮らしていけるようになった。

ところがそうなると、安明はほとんど外出をせず、数学に没頭した。このため、安明は歩くことができぬほど足が弱ってしまったのである。

それでも安明は熱心に努力し、数学を研究しつづけた。その結果、みずから「天生法」と称する算法を発見した。中国の天元術には乗法(掛け算)があるだけで、除法(割り算)がない。安明はその天元術を超え、乗除自由の法をめざして、天生法を考え出した。しかしながら、これは関孝和の点竄術《てんざんじゅつ》と本質的に変わりがなかった。

しかし、安明は自説にこだわって流派を立て、出身地にちなんで「最上流《さいじょう》」と称した。安明は千三百余巻の書物を書いたが、なかでも有名なのは文化七年(一八一〇)に書いた『算法天生法指南』で、これは塾の教科書とされたほか、中国でも出版されたほどだった。

安明は関流の重鎮、藤田定資《ふじたさだすけ》と算法をめぐる論争をし、ひとり気を吐き、文化十四年(一八一七)、七十一歳で没した。

凝り性ばかりの江戸出版事情

二百巻の著書を残した元目付——神沢杜口《かんざわとこう》

京都町奉行所の与力、目付として二十年つとめた神沢杜口は、好奇心旺盛《おうせい》な人物だった。真面目《まじめ》に仕事をする一方、謡曲、俳諧《はいかい》、囲碁などの趣味をもちつづけ、その仲間とも幅広く交流した。決して仕事ひとすじの堅物だったわけではない。だから退職後は、好きな俳諧や執筆活動に打ち込み、随筆集『翁草《おきなぐさ》』を残すなど、充実した老年期をすごすことができた。当時としては珍しい個性派だった。

杜口は宝永七年（一七一〇）、入江家に生まれている。しかし、十一歳のときに神沢弥十郎貞宣《やじゅうろうさだのぶ》のところに養子にやられ、やがて貞宣の娘と夫婦になった。養父のあとを継ぎ、京都町奉行所の与力になったのは、二十歳のころである。

仕事の面では有能だし、人情味もあった。みずから『翁草』のなかに書いていることだが、延享《えんきょう》三年（一七四六）、三十七歳のとき、有名な盗賊日本左衛門一味の中村左《なかむらさ》膳《ぜん》を、京から江戸へ護送した。

この役目は命がけだったから、なにかと気苦労が多い。江戸に到着し、杜口が左膳に別れの言葉をかけたところ、左膳は杜口が道中で見せた親切に涙して感謝した。杜口も左膳のけなげさにいたく感じ入り、思わず涙を落としたという。たがいに心の通いあうものがあったようだ。

杜口は意外に早く、四十歳ごろには娘婿《むすめむこ》にあとをゆずり、退職した。「病弱ゆえ」というのが表向きの理由だが、彼には執筆活動をして余生をすごしたい、という夢があった。

ところが、杜口は家庭的に恵まれていたとはいいがたい。家つき娘と結婚したものの、宝暦三年（一七五三）、四十四歳のとき、妻が病死してしまった。子どもは五人いたが、上の四人は早くに亡《な》くなり、成長したのは末娘だけ。この末娘が養子を迎え、家を継いだのである。

杜口は再婚せず、独身を通した。それに娘夫婦との同居も拒み、ひたすら好奇心のおもむくまま、『翁草』を書きつづけた。これは鎌倉時代から江戸時代までの伝説や奇事、異聞などを諸書から抜書きしたり、杜口みずから見聞したことを書き記したものだが、全二百巻におよぶ。四百字詰の原稿用紙にすれば、ざっと一万枚。たいへんな大作であり、労作だった。内容は多岐にわたっており、杜口の好奇心がいかに強かったかを物語っている。

だが、執筆活動のほかには、さほど執着心はない。小欲知足の人というか、家は借家だし、衣食もほどほどだったが、しかし、「つねに心は富貴《ふうき》である」といって、はばからなかった。さらに杜口は、

「生涯みな芝居なり」

と考えていた。芝居は虚の世界だが、だからといって虚をもって演じれば、見物客は納得しない。実をもって真の涙を流しながら演じたとき、見物客は感動する。人の一生もそれと同じように、芝居だと心得て真に涙し、汗して生きてはどうか、というのである。江戸時代に、そのように覚悟して生きた人は珍しい。

それにしても高齢で独り暮らしをつづけ、執筆に没頭するには健康でなければならない。杜口は老いてもなお歩きつづけた。八十歳になっても、一日に五里（二十キロ）から七里（二十八キロ）歩いても疲れなかったという。こうして寛政七年（一七九五）、八十六歳で、眠るかのように息を引きとった。

艶笑《えんしょう》文学を書いた国学者――沢田名垂《さわだなたり》

江戸の三大奇書の一つ『阿奈遠可志《あなおかし》』を書いた沢田名垂も奇人の一人である。三大奇書は、ほかに『逸著聞集《いっちょもんじゅう》』『藐姑射秘言《はこやのひめごと》』で、いずれもすぐれた艶笑文学として評価が高い。

しかし、沢田名垂は戯作者《げさくしゃ》だったわけではない。安永四年（一七七五）、会津藩士の子として生まれ、のちに会津藩第一の国学者と称された人物だった。

父の沢田泰蔵は藩主松平容住《かたおき》の侍読をつとめ、藩校日新館の学頭にもなっている。母十重子は会津藩士長谷川氏重の三女で、江戸藩邸で生まれた。幼いころから藩主の姫の遊び相手をつとめたが、長ずるにしたがって中世の物語を読んだり、和歌を詠《よ》むのを好み、机に向かうことが多かった。

こうした両親に育てられただけに、名垂は早くから書物や和歌に親しんでいた。京に留学し、歌の道を究めたこともある。名垂はじつに多才で、故事に詳しく、絵画も巧みだった。

享和二年（一八〇二）六月、名垂が二十八歳のときのことである。会津で藩の重臣らが列席するなか、歌の会が催された。一時《いっとき》（二時間）のうちに、百首を詠むのがきまりである。名垂は母十重子の影響で、子どものころから歌詠みは鍛えられていた。

だから悠然たる態度でつぎつぎに歌を詠みつづけ、まもなく百首に達した。それでもまだ時間が残っていたため、名垂はさらに十首を詠み、百十首を提出した。

「足引の遠山松の濡《ぬ》れみどり　ほのぼの見えて霞《かすみ》たなびく」

これはそのときの一首である。その早さもさることながら、歌そのものがすぐれている。居並ぶ人びとは唖然《あぜん》とした。

名垂はのちに、日新館の『童子訓』や『新編会津風土記《ふどき》』を編纂《へんさん》したほか、藩の和学師範となった。彼の実力が認められた結果であり、名誉なことだった。また、『古

字考』『桃太郎伝』など、多くの著書もある。国学者で歌人、しかも藩の和学師範をつとめていたといえば、どうしてもお固い印象がつきまとう。だが、名垂は好奇心の強い風流人でもあった。

最初に記したように、ひそかに『阿奈遠可志』という作品を書き、写本をつくって人に読ませていたのである。これは文政五年（一八二二）ごろの作とされるから、名垂は四十八歳ぐらいだ。

作品の著者を狂女とし、人びとが指さして「あなおかし」と笑うので、これを題名にしたという。上巻二十九話、下巻十三話からなるが、軽妙なユーモアがあって、艶笑小咄《こばなし》を思わせる作が多い。

人生はただ一回だけ演じられる芝居であり、ことに色と香りの世界がそうだ。官能の喜びも同じ瞬間を繰り返すことは、絶対にできない。そうした観点から、さまざまな男女の性愛を描いている。しかも、歌人らしく、和歌と物語とを絶妙に融合させた歌物語になっているし、気品もあり、並みの艶本とは異なったものになっている。

いずれにせよ、名垂はたんなる学者ではなかった。ユーモア精神もあり、男女の性愛にも知的好奇心を抱いていた。弘化《こうか》二年（一八四五）に死去したが、七十一歳だった。

赤貧に耐えて書きつづけた考証家——山崎美成《やまさきよししげ》

薬種商の子として生まれながら、商売はそっちのけで、知的好奇心のおもむくままに書物を読みあさり、物事を広く知ることに喜びを感じるとなれば、相当な変人といってよいかもしれない。山崎美成はそのような人物だった。

美成は寛政八年（一七九六）、江戸の下谷《したや》長者町（台東区上野）で生まれたが、幼いころから病気がちで、活発に動きまわることができないほど体が弱かった。そのため、十歳を過ぎても幼児と同じような遊びをしていたらしい。

しかし、人間いつ、どう変わるかわからない。美成は十五歳のころ、ふいに書物に興味を示し、一日中、机に向かうようになった。薬種商の家に生まれたのだから、家業を手伝うのが普通だが、美成はもっぱら部屋に閉じこもり、歴史書や伝記など、手当たりしだいに読みつづけた。もっとも美成の場合、向学心というよりは好奇心といったほうがよく、とにかく物事を深く追究し、知ることに楽しさを感じた。そして、ある物事を究めると、著書の執筆に没頭する。

そのこだわりぶりは、日常にもおよぶ。たまたま、ある人と茶を飲んでいるとき、相手が庭先の瓢簞《ひょうたん》を話題にした。すると美成は、さっそくうんちくを傾け出す。

「瓢はもちろん、ひさごのことですよ。でも、簞は竹で編んだ小さな籠《かご》のこと。ひさごを瓢簞というのはまちがいです」

瓢簞と書くようになったのは平安時代、学者の勘ちがいからはじまった。中国では瓢の一字で、ひょうたんを表す。これは水を入れる器として使った。簞は竹を編んでつくった小さな丸い籠、飯を盛る器のことだ。まったく別のものなのに、それを一つのものと勘ちがいし、瓢簞の文字が当てられたのである。さらに美成は、諸書から「ふくべい」「へようたん」「とっくりへようたん」「ちんなり」「えなが」「にがふくべ」などをあげ、そのちがいを話しはじめる。いつまでもつづくものだから、相手は辟易《へきえき》し、いやになってしまう。こうしたことは、つねのことだった。

といって、美成は博覧強記を自慢しているわけではない。一種の知的遊びというか、こうした話題を尽きることなく話すのが楽しかったのである。だが、独学ではともすれば見聞が狭く、偏《かたよ》りやすい。そこで美成は、できるだけ多くの著名人を訪ねて話をしたり、機会をみつけては遊歴を心がけた。こうして執筆をつづけた。

その間、美成は妻をめとり、家業を継ぐ。しかし、欲しい書物があれば、いくら高価であろうとつぎつぎに買い求めたし、好奇心のおもむくままに執筆に打ち込む。これでは家業に精を出すどころか、店に姿を見せる暇もない。妻にまかせているうちに、家業は傾いていった。

美成はそれでも書物を読み、執筆するという生活を変えなかった。収入が乏しいから、暮らしはますます困窮していく。やむなく大事な書物を売り払ったり、珍しい骨《こっ》董《とう》などを質に入れたりして食いつなぐようになった。

借家は雨漏りするし、着るものといえば、すり切れかけた単衣《ひとえ》しかない。三人の子どもがいるというのに、わびしい正月を迎えたことも再三だった。雑煮の餅《もち》を用意するのがやっとで、あとは食べるものもろくになく、二日には知人を訪ねて米と銭を借りてくる、ということもあった。その赤貧ぶりは目を覆《おお》うばかりだが、それでも美成は執筆をあきらめない。

こうして、美成は『名家略伝』『耽奇《たんき》漫録』『三養雑記』『世事百談』『海録』『金杉日記』など、多くの著作を残した。主に考証的随筆を書いたが、当時はほとんど認められなかった。それというのも、博識ではあるものの、独創性に乏しく、雑学的でありすぎたからだった。

それでも厖大《ぼうだい》な著作、対象の幅広さを見れば、本当に一人の人物が書いたのか、とおどろくほどで、その好奇心、執念には脱帽するしかない。安政三年（一八五六）、六十一歳で没した。

厖大《ぼうだい》な著書を残した風流大名——松浦静山《まつらせいざん》

肥前平戸藩（長崎県平戸市）主で、厖大な随筆集『甲子夜話《かっしやわ》』を残した松浦静山は、好奇心の強い風流な大名だった。

静山は本名を清《きよし》といい、宝暦十年（一七六〇）、平戸藩主松浦政信の子として江戸藩邸で生まれている。しかし、父が早くに死去したため、十六歳で藩主になった。少年期から学問を好み、長じては和歌や風流の道にも通じた文化人として活躍し、幕府儒官の林述斎《はやしじゅつさい》とも親交を結んだ。

述斎は美濃《みの》国岩村藩（岐阜県恵那《えな》郡岩村町）主松平乗蘊《のりもり》の三男だが、寛政五年（一七九三）、二十六歳のとき、林家の養子に迎えられた。その後、聖堂などの管理をし、学徒の育成につとめた。述斎は静山より八歳年下だが、じつをいうと静山は述斎とは幼なじみだった。

静山は藩主になると、藩校として維新館を開設し、みずから講義をするなど藩内子弟の教育に情熱をそそいだ。これは、静山がたんに学問好きだったからではない。

「藩の将来にとって、人材の育成が最重要」と考えていたからである。

むろん、藩政にも思い切った手を打つ。倹約緊縮政策を進める一方、新田開発や楮《こうぞ》苗《なえ》の植えつけを奨励するなど、殖産にも力を入れた。楮の樹皮は、和紙の原料となる。つまり、静山の改革は財政難を克服するために、まず財政基盤である農村を再建しようとしたのだ。

農村が活性化し、農業経営が安定すれば、藩内の人びとの暮らしは豊かになる。その結果、当然ながら年貢《ねんぐ》の完納も容易になってくる、というのが静山の考えだった。学問が好きで、人材育成に熱心だし、藩政にも指導力を発揮したとなると、模範的な藩主といってよい。だが、静山にはそればかりか、なみなみならぬ好奇心があった。

文化三年（一八〇六）、まだ四十七歳だというのに、十六歳の息子熙《ひろむ》に藩主の座をゆずり、さっさと隠居してしまったのである。もっとも、隠居したのは病臥《びょうが》するようになったためで、しばらくは本所《ほんじょ》（墨田区）の平戸藩下屋敷でぶらぶらすごした。

静山の病は、持病の癪《しゃく》（腹部や胸部に起こるけいれん性の激痛）、痔疾《じしつ》、水腫《すいしゅ》（むくみ）などだった。しかし、療養のあいだにも書を読み、人の話を聞くのを楽しみにしていたのである。

やがて、友人の林述斎から「せっかく若いときから学んできたのに、その知識を放置しておくのはもったいない。なんでもいい。むかしのことやいまのこと、後世に伝えたいことを興にまかせて書いてみてはどうか」と勧められて、筆を起こす。

それが文政四年（一八二一）十一月十七日、甲子の夜のことである。その日にちなんで、記録の表題を『甲子夜話』としたが、このとき静山は六十二歳。心静かに筆を走らせ、それ以来、執筆は天保十二年（一八四一）、八十二歳で死ぬまで二十年間におよんだ。

それだけ書きつづければ、相当な量となる。正編百巻、続編百巻、それに後編として七十八巻。圧倒される量である。内容はまことに多彩で、幕閣の動向や異国の情報、大塩の乱の顚末《てんまつ》、大名や老公たちの逸話、世間に流布《るふ》した奇談、異聞など、じつに幅広い。

たとえば、つぎのような奇談が紹介されている。文政八年（一八二五）のころ、上総《かずさ》（千葉県中央部）出身で五十三歳になる下僕、源左衛門の体験談だ。

源左衛門が七歳のとき、お祝いに氏神の八幡宮《はちまんぐう》に参詣《さんけい》したときのことである。彼は見知らぬ山伏にどこへとも知れず連れ去られたすえ、八年後に相模《さがみ》（神奈川県）に放置されてしまった。おどろいたことに、身につけている衣服は七歳のときに着ていたもののままで、しかも汚れていないし、破れてもいない。やがて十八歳になったとき、ふたたび山伏が「迎えにきた」といいながら現れる。源左衛門は帯のようなもので山伏の肩にかつがれ、越中（富山県）の立山へ連れていかれた。

　この山伏は、じつは天狗《てんぐ》だった。その後も源左衛門を鞍馬《くらま》や貴船《きぶね》（京都市左京区）など、さまざまな土地に連れていったが、天狗たちはどこでも剣術や兵法の鍛錬をしていた。さらに奇怪なことに時間をさかのぼり、元暦元年（一一八四）、源義経が平家の軍勢を攻めた一ノ谷の合戦を見せてくれた。

　源左衛門が十九歳になると、天狗は天狗の世界を去る証状と兵法の巻物をあたえた。そのうえに袈裟《けさ》を着せ、脇差《わきざし》を身につけさせて、人間界へ帰してくれた。源左衛門は、その脇差と袈裟はいまでも大切にしているという。

　源左衛門は天狗の世界を見てきたわけだが、静山はその話を半ば疑いながらも「たしかにこの世の中には、このような妖魔《ようま》の世界があると思われる」と述べている。

　また、こんな話もある。讃岐《さぬき》高松藩（香川県高松市）の若殿が幼かったころ、矢ノ倉（東京都中央区）の藩邸の庭で凧《たこ》をあげていた。すると、上空に衣服をまくり上げ、逆さまになっている女が見えた。

　じつはこれ、姿の見えない天狗が女をぶら下げながら、天翔《あまがけ》ていたのだという。家来たちもそばで見ていたといい、あながち幻視ともいえない。不思議なことがあるものだ。

『甲子夜話』に収められた話は、じつに多彩である。静山のおどろくべき好奇心がまるごと詰まったような本といってよい。このような話を集め、二十年も書きつづけたのだから、変な殿様である。

発禁も辞さない風雲児——蔦屋重三郎《つたやじゆうざぶろう》

山東京伝、写楽ら戯作者《げさくしや》や浮世絵師の活動を助け、江戸文化の発展に寄与した蔦屋重三郎は、出版にこだわりつづけた個性派である。仲間に妨害され、発禁処分を受けながらも、あきらめずに出版をつづけたのだから、世間の人びとには相当な変わり者と映った。

重三郎は寛延三年（一七五〇）、丸山重助の子として吉原《よしわら》で生まれ、七歳のとき、仲之町《なかのちよう》の引手茶屋蔦屋の養子となる。引手茶屋というのは、遊客を妓楼《ぎろう》に案内する茶屋だ。

当時の吉原は江戸でもっとも華やかな場所であり、文化の中心地でもあった。大夫《たゆう》と称される一流の遊女は、容色の美しさもさることながら、舞いや音曲、茶の湯、生け花、和歌、俳諧《はいかい》、書などの教養を身につけており、彼女たちの座敷は文化サロンになっていたのである。

重三郎はその吉原で、男と女の世界を垣間《かいま》見たり、独自の文化にひたりながら育った。それだけに早熟だったが、才気にも富んでいた。

安永元年（一七七二）、二十三歳のとき、吉原大門口の五十間道に絵双紙屋を開き、安永三年には「吉原細見（吉原の案内書）」を売り出す。ところが、細見の板株（出版権）を持っていなかったため、同業大手から横やりが入り、紛争となった。

吉原の妓楼玉屋山三郎の仲介で紛争がおさまると、重三郎はみずから江戸小咄《こばなし》の本を書き、これを出版した。その後、本格的な出版活動をしようと、天明三年（一七八三）、通油町《とおりあぶらちょう》（中央区日本橋大伝馬町《おおでんまちょう》三丁目）の老舗《しにせ》丸屋の権利と家屋を買い取り、蔦屋の暖簾《のれん》をあげた。

このころ、歌麿《うたまろ》は蔦屋に住み込み、仕事をしていたが、重三郎は歌麿に吉原遊女の晴れ姿を描かせた。これを版画にして売り出したところ、大評判になった。つづいて歌麿が描いた精密な虫や草花の絵に文人たちの狂歌を添えた『画本虫撰《えほんむしえらみ》』を出版、ほかの業者をあっといわせた。

さらに恋川春町《こいかわはるまち》、朋誠堂喜三二《ほうせいどうきさんじ》、山東京伝に時世を諷刺《ふうし》した黄表紙を書かせたが、いずれも大当たり。しかし、幕府はそうした出版活動に目を光らせ、寛政二年（一七九〇）には出版取締令を出したのである。

翌年、重三郎が京伝の三部作を出版したところ、槍玉《やりだま》に挙げられた。遊女の暮らしを描いた作品にすぎないのに、勢いに乗る蔦屋を妬《ねた》んだ同業者が密告したためといわれる。この結果、京伝は手鎖《てぐさり》五十日の刑を受け、重三郎は身代半減、つまり財産の半分を没収されたのだ。

その後、写楽を売り出したものの、寛政八年（一七九六）秋、重三郎は体調をくずしてしまった。脚気《かっけ》にかかり、脚や顔までがむくんだのである。再起を計ろうと、写楽の売り出しに金をかけたが、十分に回収できぬまま病床についたため、借金が残った。

病床につくこと半年。寛政九年（一七九七）五月六日朝、重三郎は枕辺《まくらべ》の家人に「わたしは今日の昼に逝《い》く」と告げた。しかし、昼がすぎてもまだ息をしている。重三郎は弱々しい笑いを浮かべ、

「すでに場は幕切れだというのに、いまだ拍子木が鳴らない。どうして遅いのだ」

といい、目を閉じたまま、夕刻に息を引き取った。四十八歳の華々しい生涯の幕切れだった。

江戸人の好奇心——「あとがき」に代えて

江戸時代に書かれた随筆などを読んでいると、江戸の人びとの好奇心にはおどろかされることが多い。じつに多様なのである。

いまとはちがって情報化がそれほど進んでいないから、多くの人が共有している情報量は少ないし、なにかを知りたいと思えば、みずから求めていくしかなかった。とはいえ、求めたからといって欲しい情報が自由に入手できたわけでもない。

まして江戸の社会では、身分上の階級制という枠のなかで生きていくのが普通だった。武士の子は武士であり、商人の子は商人となるのが定めとされ、ほとんどの人びとはそれに逆らわず、疑いもせずに受け入れた。そのなかで既成概念や常識が生じ、それをはみ出さずに順守していれば、楽に生きていくことができた。

しかし、人間には感情があり、好奇心があるから、それにしたがって生きようとする人物が出てくる。江戸時代はざっと三百年。その間、好奇心はさまざまな分野に向けられたが、その一つに「和算」があった。

和算はわが国で独自に発達した数学で、江戸時代には世界的にみても最高水準に達していたといわれる。だが、不思議なことに和算は学問というよりは、「遊び」というか、「芸能」のようなものとして発達した。本書のなかでも触れたことだが、「算《さん》額《がく》」をつくり、神社や寺に奉納することが流行した。

算額というのは「絵馬」のようなもので、複雑な難問を解き記した額。これによって自分の能力をアピールしたのである。各地に数学塾があり、師と門人が共同で奉納することもあった。

当時、数学だけで生活をするというのは、武士に取り立てられて天文や暦、測量などの仕事につく以外は不可能だった。だから暮らしのための仕事（職業）を別にもち、数学は趣味としてやっているという人が多い。

諸国にもそのようにして数学を学び、仕事のかたわらに数学塾を開き、数学好きに教えるという人もいた。なかには数学を教えながら、諸国をめぐり歩く「遊歴算家《ゆうれきさんか》」も少なくなかったようだ。

なにやら俳諧師《はいかいし》や歌人、茶人などに似てなくもない。日本に特有のことらしいが、ある専門分野を一つの道として、芸を磨き、道を究《きわ》めていくということがある。江戸の数学も、そのように扱われていた。

江戸の多様な「好奇心」のなかで「なるほど」と思い、共感を覚えたのは「異国趣味」だった。昭和二十年代から三十年代にかけて、映画や音楽、ファッション、コカコーラ、チューインガムなどのアメリカ文化が、まるで洪水のように日本へ流れ込み、「アメリカ趣味」が広く流行した。江戸の「異国趣味」を並べてみて、そのことを思い出したのである。

*

江戸時代、鎖国政策がとられていたとはいえ、オランダや中国との通商は、長崎が窓口になって盛んに行なわれていた。もっとも、窓口を長崎だけにしぼっているから、運び込まれてくるものはさほど多くはない。それゆえに、人びとは「舶来物」と称して珍重したし、一方では蘭学《らんがく》を学ぶ人が増え、それがもとになって「異国趣味」が広がっていった。

幕府が鎖国を強行したのは寛永十年(一六三三)二月二十八日。だが、オランダだけは例外的に貿易を許され、そのお礼のために五月一日、オランダ商館長が江戸城を訪れ、三代将軍家光《いえみつ》に面会して献上品を贈った。それ以降、オランダ商館長が江戸城の将軍に挨拶《あいさつ》するのが通例となった。

このオランダ商館長との面談に熱心だったのは、八代将軍吉宗《よしむね》である。それというのも教養としての学問よりも、政治や殖産のために役立つ実学を重視し、とくに西洋の新しい知識や物産にたいして、おどろくほどの好奇心を抱いていたからだった。

吉宗は享保《きようほう》二年（一七一七）三月二日、はじめてオランダ商館長の挨拶をうけたが、慣例を破って御簾《みす》を取り除き、じかに顔を見ながら面会している。西洋文化に強い好奇心を抱いていただけに、天文や地理、医学、武器、船舶などさまざまな質問を連発した。披露されたオランダ人のダンスやフェンシングにも興味を示したらしい。その後、吉宗はオランダ商館長にバターやハムなどを献上させ、江戸城内で洋食会を開いた、という逸話も残っている。

享保五年（一七二〇）には、洋書の輸入禁止を緩和したが、この結果、おおっぴらに洋書を読んでも咎《とが》められることがなくなった。むしろ、長崎へいって西洋文化を学ぶ若者が増えたし、やがてそれが蘭学というかたちで江戸にも根を張った。

西洋の文物を目にすると、好奇心が湧《わ》き、外国への興味がかき立てられるのも、ごく自然のことだろう。まもなく西洋の様式を模倣する者が現われ、その目新しさが評判を呼んだ。

たとえば、西洋画が「蘭画」、あるいは「オランダ絵」などと称され、享保五年以降、蘭学の興隆とともに盛んになった。とくに関心が寄せられたのは、西洋画の遠近法や陰影法など合理的な画法である。はじめて西洋画に取り組んだのは平賀《ひらが》源内《げんない》で、『西洋婦人図』（神戸市立博物館蔵）と題する油絵をものにした。

本書で紹介した司馬《しば》江漢《こうかん》も、異国趣味の一人だった。江漢はエッチング（腐蝕《ふしょく》銅版）の創始者として知られるが、彼は西洋風の風景画をいくつも描いている。エッチングは版面にじかに描くため、刷った絵は左右逆になってしまう。その点も興味を誘った。江漢は蘭書を参考に、独学でエッチングの技法を身につけ、江戸名所を西洋風に描いて多くの人びとをおどろかせた。

そのほか「蘭字《らんじ》枠《わく》」といって、絵の四周に蘭字を配したものまで登場した。渓斎英《けいさいえい》泉《せん》の『江戸日本橋ヨリ富士ヲ見ル図』と題する風景画は、その一例である。歌川広重《ひろしげ》の絵にも見られる構図で、中央に日本橋とその下を往来する舟、両岸に立ち並ぶ蔵、右手の奥に江戸城、遠く左手に富士がそびえ立つ。

日本橋は江戸でももっとも活気に満ちた場所であり、多くの絵師が描いた場所でもある。その絵に「蘭字枠」とはミスマッチというほかないが、これが斬新《ざんしん》な「異国趣味」として話題を集めた。しかし、じつをいうと「蘭字」といっても、まったく似非なるもので意味をなさず、それらしく書いた飾りにすぎなかった。

＊

江戸には、将軍に拝謁《はいえつ》するオランダ商館長一行の宿泊所があった。「長崎屋」（中央区日本橋室町四丁目）といい、「時ノ鐘」の西隣で、黒板塀に囲まれた本陣がまえ。「オランダ宿」とも呼ばれた。なお、この「時ノ鐘」は江戸市中に時刻を知らせた鐘で、現在はもう少し東側、日本橋小伝馬町《こでんまちよう》の十思《じつし》公園（伝馬町牢屋敷《ろうやしき》跡）に移築、保存されている。

長崎屋は鎖国体制下のわが国で、長崎の出島以外では、日本人が西洋人とその文化に接触できる数少ない場所の一つだった。だから栗崎道有《くりさきどうゆう》、丹波正博、青木昆陽《こんよう》といった官医や幕府役人をはじめ、杉田玄白《げんぱく》、平賀源内、大槻玄沢《おおつきげんたく》、司馬江漢ら多くの人びとが、新しい知識を得ようとして長崎屋にやってきた。さらに島津重豪《しまづしげひで》のような蘭学趣味の諸大名が夫人や子どもを同伴して訪れることもあった。

江戸の人びとはもともと物見高く、オランダ人はその格好の的となった。だからオランダ人が滞在中の長崎屋には、好奇心旺盛《おうせい》な人びとが群がる。葛飾《かつしか》北斎は『画本東都遊』のなかで、長崎屋の外をうろうろする人びとと、窓から珍しそうに外を眺めるオランダ人たちを描いた。

蘭学者たちが催した「オランダ正月」も異国趣味の一つ。これは蘭学者の大槻玄沢が寛政六年（一七九四）閏《うるう》十一月十一日、この日が太陽暦では一七九五年一月一日にあたることから「オランダ正月」と呼ばれる元旦の祝宴を催したのがはじまり。場所は京橋水谷町（中央区銀座一丁目）の大槻家だった。玄沢は自宅に私塾「芝蘭堂《しらんどう》」を開いており、ここに同志の蘭学者を招いたのである。

壁に医学の父とされるヒポクラテスの肖像画を掲げ、宴席はオランダ風にしつらえ、正式には「新元会《しんげんかい》」と称した。

わが国ではキリシタン禁令だったため、オランダ人は公然とクリスマスを祝うこともできず、日本の正月の祝賀を模倣し、「オランダ正月」と称する祝宴を催した。玄沢は長崎出島のオランダ商館で行なわれていた「オランダ正月」を真似《まね》たのだという。

当日の様子を描いた『芝蘭堂新元会図』と題する絵が残っている。それを見ると、テーブルの上にナイフやフォーク、スプーンなどが並び、西洋風のグラスもある。おそらく、このグラスで乾杯をしたのだろう。このように「オランダ正月」というのは、異国趣味の宴だった。

絵に描かれているのは、二十九人の蘭学者やその支援者たち。右上の上座に椅子《いす》が置かれ、洋装の人物がすわっているが、これはロシアから帰国した大黒屋光太夫《だいこくやこうだゆう》だろうとされている。「オランダ正月」は恒例となり、玄沢の没後は子の玄幹《げんかん》に引き継がれ、天保八年（一八三七）まで四十四回催された。

＊

江戸人の好奇心は、じつにさまざまな分野へ向けられていた。珍しいものを集めたり、つくったり、学んだりする。あるいは気ままに生き、遊びに打ち込む。こうして多様な奇人変人が江戸の世を彩《いろど》ってきた。

さらに「異国趣味」が広まり、西洋への興味がかき立てられて、しだいに開国への気運が高まっていったともいえる。本書では多くの奇人変人の逸話を紹介しながら、江戸人の好奇心に触れ、もう一つの「江戸」を描こうとした。むろん、その成否は読者の判断を仰ぐしかないが……。

なお、本書は月刊誌『公評』平成十二年五月号から二十一回連載したものに加筆し、再構成した。執筆に際しては多くの文献を参考にさせていただいたが、この場を借りて、先学の方々に厚くお礼申し上げる。

平成十六年十一月

中江克己

本書は新潮文庫のオリジナル編集である。

稲垣史生著
考証 風流大名列伝
殿さま稼業も楽じゃない。武から文への転換期、大名たちの処世術とは。黄門様から柳生宗矩まで、時代考証家による「風流」の世界。

北村鮭彦著
おもしろ大江戸生活百科
「十両盗めば首がとぶ」「大名は風呂桶持参で参勤交代」など、意外で新鮮な〝江戸の常識〟が一読瞭然。時代小説ファンの座右の書。

新潮社編
時代小説
読切御免第一巻・第二巻
まぎれもなく現役作家の最強布陣！　歴史時代小説の新たな愉しみ方を探る、新感覚アンソロジーがここに。新シリーズ堂々の創刊！

新潮社編
高橋千劔破監修
颯爽登場！　第一話
—時代小説ヒーロー初見参—
傑作——その条件はすべてが初回に凝縮される。『大菩薩峠』から『桃太郎侍』まで、時代小説七大ヒーローの誕生エピソード競演。

新潮社編
江戸東京物語
（都心篇）
今日はお江戸日本橋、明日は銀座のレンガ街——。101のコラムとイラストでご案内、江戸東京四百年の物語。散策用地図・ガイド付き。

新潮社編
江戸東京物語
（下町篇）
忠臣蔵は四十六士だった？　下谷にそびえる「富士山」って？　106のコラムとイラストと・写真で東京の謎を徹底追跡。シリーズ第二弾！

杉浦日向子著
江戸アルキ帖
日曜の昼下がり、のんびり江戸の町を歩いてみませんか――カラー・イラスト一二七点とエッセイで案内する決定版江戸ガイドブック。

杉浦日向子著
風流江戸雀
どこか懐かしい江戸庶民の情緒と人情を、「柳多留」などの古川柳を題材にして、現代の浮世絵師・杉浦日向子が愛情を込めて描く。

杉浦日向子著
百物語
江戸の時代に生きた魑魅魍魎たちと人間の、滑稽でいとおしい姿。懐かしき恐怖を怪異譚集の形をかりて漫画で描いたあやかしの物語。

杉浦日向子著
大江戸美味草紙《むまそうし》
初鰹のイキな食し方、「どじょう」と「どぜう」のちがいなどなど、お江戸のいろはと江戸っ子の食生活がよくわかる読んでオイシイ本。

杉浦日向子とソ連編著
もっとソバ屋で憩う
―きっと満足123店―
おいしいソバと酒を求めて、行ってきました123店。全国の「ソ中（ソバ屋中毒）」に贈ります。好評『ソバ屋で憩う』の21世紀改訂版。

梅原猛著
百人一語
古今にわたる百人の著名な日本人が遺した、力づよく美しく意外なほどに身近な言葉に、その人の人生と思想の核心を読み解く名著。

新潮文庫最新刊

司馬遼太郎著
司馬遼太郎が考えたこと 1
―エッセイ 1953.10～1961.10―
40年以上の創作活動のかたわら書き残したエッセイの集大成シリーズ。第1巻は新聞記者時代から直木賞受賞前後までの89篇を収録。

司馬遼太郎著
司馬遼太郎が考えたこと 2
―エッセイ 1961.10～1964.10―
新聞社を辞め職業作家として独立、『竜馬がゆく』『燃えよ剣』『国盗り物語』など、旺盛な創作活動を開始した時期の119篇を収録。

夏樹静子著
白愁のとき
もしアルツハイマーと診断されたら、その先の人生はどうなる？　精神余命は一年と告げられた働き盛りの造園設計家・恵門の場合は。

伊集院　静著
白い声（上・下）
奇跡の出逢いから運命の恋が始まる…。無償の愛を抱いた女と悲哀を抱いた男。二つの魂が交錯し、やがて至福の時を迎える恋愛長篇。

山田太一著
彌太郎さんの話
30年ぶりに会った男は、奇妙な事件を告白した。繰り返し記憶の断片を聞き続けるうちに、私はその人生の闇にひきこまれていく。

戸梶圭太著
未確認家族
ヤンキー夫婦と前科者の父子。二組の〝不道徳家族〟が狂気に目覚めた時、復讐劇は始まった。ドライブ感がたまらない超犯罪小説！

新潮文庫最新刊

新潮文庫編
文豪ナビ 山本周五郎

乾いた心もしっとり。涙と笑いのツボ押し名人――現代の感性で文豪作品に新たな光を当てた、驚きと発見がいっぱいの読書ガイド。

村上 護著
きょうの一句
―名句・秀句365日―

芭蕉から子規、山頭火、現在活躍中の俳人まで一日一句ずつ新しい感覚の句を厳選。ファン必携の鑑賞テキスト。歳時記としても便利。

中江克己著
大江戸〈奇人変人〉かわら版

大江戸を騒がせた「個性派」たちが総登場。遊び人、大道芸人から文人や大名まで、その変わり者ぶり、奇行を余すところなくご報告。

西森マリー著
ネイティヴ感覚で英会話

「ハウ・ドゥ・ユー・ドゥ？」なんて超ダサイ。教科書どおりじゃない挨拶の仕方、話の糸口の見つけ方など、〈通じる〉会話を目指す。

楠木ぽとす著
産んではいけない！

わかっていたら産まなかった？ 少子化時代の育児地獄。眠れない、話し相手もいない母の孤独。男性も必読の痛快子育てマニュアル。

仲村清司著
住まなきゃわからない沖縄

台風の過ごし方、弁当の盛り付け、大衆食堂や風水占い、オバァ事情など、「カルチャーショックの宝庫」沖縄の素顔がここにある。

大《おお》江《え》戸《ど》〈奇《き》人《じん》変《へん》人《じん》〉かわら版《ばん》

新潮文庫　な－51－1

平成十七年一月一日発行

著者　中《なか》江《え》克《かつ》己《み》

発行者　佐藤隆信

発行所　株式会社　新潮社

郵便番号　一六二―八七一一
東京都新宿区矢来町七一
電話　編集部(〇三)三二六六―五四四〇
読者係(〇三)三二六六―五一一一
http://www.shinchosha.co.jp

価格はカバーに表示してあります。

乱丁・落丁本は、ご面倒ですが小社読者係宛ご送付ください。送料小社負担にてお取替えいたします。

印刷・株式会社光邦　製本・株式会社植木製本所

ISBN4-10-116331-6 C0121